U0518350

丛书编委会

总　策　划：来新国　王文成

编委会主任：郭齐勇　周晓亮

编　　　委：来新国　陈知涯　张　彧　尹格韬　沈　众
　　　　　　王文成　孟淑贤　周长志　罗养毅　秦　丹
　　　　　　乌　琛

大家精要
典藏版丛书

简读
韩非子

李宪堂 著

陕西师范大学出版总社　西安

图书代号　SK24N1850

图书在版编目(CIP)数据

简读韩非子 / 李宪堂著 . — 西安：陕西师范大学
出版总社有限公司，2025.1
（大家精要：典藏版 / 郭齐勇，周晓亮主编）
ISBN 978-7-5695-4135-9

Ⅰ . ①简⋯　Ⅱ . ①李⋯　Ⅲ . ①韩非（前 280- 前 233）—
人物研究　Ⅳ . ① B226.55

中国国家版本馆 CIP 数据核字（2024）第 025939 号

简读韩非子
JIAN DU HANFEIZI

李宪堂　著

出 版 人　刘东风
策划编辑　刘　定　陈柳冬雪
责任编辑　王淑燕
责任校对　刘　定
封面设计　龚心宇　张潇伊
出版发行　陕西师范大学出版总社
　　　　　（西安市长安南路 199 号　邮编 710062）
网　　址　http://www.snupg.com
印　　刷　深圳市福圣印刷有限公司
开　　本　889 mm×1194 mm　1/32
印　　张　7
插　　页　4
字　　数　127 千
版　　次　2025 年 1 月第 1 版
印　　次　2025 年 1 月第 1 次印刷
书　　号　ISBN 978-7-5695-4135-9
定　　价　49.00 元

读者购书、书店添货或发现印装质量问题，请与本公司营销部联系、调换。
电话：（029）8530786485303629 传真：（029）85303879

目录

导　言

　　韩非（约前280—前233），世称韩非子，法家理论的集大成者。他生活在战国末期，是先秦诸子中最后一位思想家。

　　韩非子出身于韩国宗室。这种身份将他个人的命运同祖国的兴衰沉浮紧密联系在一起。他一生都在为谋求祖国的富强而奋斗。年轻时，他曾跟随当时的大儒荀子学习，后来却皈依了法家，因为他发现法家的理论对于治理铁血纷争的乱世更加有效。

　　由于君主的昏昧和政治的腐败，韩非子的才干在政治实践中没能得到施展的机会。他一生大部分时间在静观深思，从事政治理论的创建和统治术的探讨。出于富国强兵的现实目的，为了给君主提供治世的猛剂和妙方，他发愤著述，把自己对社会各个领域的思考，政治政策的主张、设计和理想等，都形成文字，写下了许多富于智慧、脍炙人口的篇章。这些文章总合起来，形成一部十多万言的书，这就是《韩非子》。

司马迁指出韩非子"喜刑名法术之学，其归本于黄老"。这里所说的"刑名法术"和"黄老"之学是一套由法家、道家共同完善起来的政治统治理论，主张通过"法"和"术"的综合运用来富国强兵，其根本目的是为专制君王驾驭臣下、统治百姓提供方法和手段。韩非子之前的法家分为三大派：商鞅重法，申不害重术，慎到讲势。韩非子博采三家之长，创立了法、术、势相结合的专制主义政治思想。

韩非子反对将政治治理的原则建立在私人情感联系和社会道德水平的提升上，而主张把人自私自利的本性作为秩序建立的前提，以体现"道"之客观性、公平性的"法"制社会；同时他把君主视作社会秩序的枢纽和意义的原点，主张通过强化君主的权威加强社会的向心力和凝聚力，从而实现富国强兵的目的。他强调社会风气和人的道德取向是随时代不同而变化的，越到后世矛盾展开得越充分、利益争夺越激烈。他说，"上古竞于道德，中世逐于智谋，当今争于气力。"(《韩非子·五蠹》) 他认为历史发展到战国末期，决定局势的只有"气力"，也就是暴力，因而他竭力鼓吹专制暴力的作用，主张"严刑峻法"，认为君主为了维护自己的统治可以不择手段。这种观点在早期封建社会转变为大一统中央集权的专制社会的过程中对清除旧势力、壮大新生力量是有一定的积极意义的，但这种暴力体现了对人类普遍价值的轻蔑和凌辱，它的反动性随着时间的推移、随着它在实践中日益极端化，也变得越来越突出。

韩非子崇尚暴力和权谋的思想产生于群雄逐鹿的战国乱世，犹如严寒冰霜生于秋冬，适应了那个以力相争的铁血时代的需要。当时秦国的国王嬴政——即后来赫赫有名的秦始皇，读了韩非子的著作后大为叹服，因此发兵攻韩，把韩非子劫持到秦国。在秦国，韩非子将自己钻研已久的政治、外交谋略用于实践，为了拯救自己的祖国展开了一连串的权谋活动，结果遭到了当权大臣们的畏惧、忌恨和陷害，被迫饮药自尽。

韩非子的思想学说却没有因他的去世而消亡。它留在了秦国，成为秦始皇建立和完善大一统封建专制政权的理论指导，并且成为中国传统政治文化的重要组成部分，深刻地影响了此后的历史进程。

如果把中国传统政治思想看作一个光谱图案，则道家、儒家、法家就构成了它由弱到强的不同阶段。儒家的"用中"与道家的"用弱"、法家的"用强"互有千秋，各擅其长。

韩非子的法治思想偏向于政治原则的构建与统治策略的探讨。作为先秦四大家之一，它批判地吸收了民族智力大爆发的百家争鸣时期诸子百家的思想成果，也理所当然地吸收了大一统中央集权形成阶段充满血腥和阴谋的政治斗争的经验教训，因而成为体现着我们民族政治智慧的一座丰碑。

第1章

韩非子其人

　　关于韩非子的身世和事迹，因留存史料所限，我们还不可能有清楚的了解。司马迁的巨著《史记》中有《老子韩非子列传》，但记叙的都是些大概情况，过去就有人提出"过于简略"的评价。可能在司马迁生活的时代，因韩非子没有被当政者任用，存下来的材料本来就不多。

　　韩非子的祖先应是周王的宗室，其后裔在晋国被封在韩原，即陕西韩城，遂以韩为姓氏，逐渐成为晋国的世家大族。公元前403年，韩景侯被周王承认为诸侯。到韩哀侯时（前376），与赵、魏一起瓜分了晋国。据《史记》记载，"韩非子者，韩之诸公子也。"既称"公子"，自是韩国宗室无疑。但他与韩国执政者是什么关系，韩非子的家族在韩国的权力结构中处在什么地位等问题，因为《史记》等文献语焉未详，我们无法确知。

韩非子博学好思，既有卓越的思辨才能，又具有广博的关于天道自然和人类社会的经验与知识，尤其是他对世情人心有着深刻的洞察力和理解力，对于经世治国之方略的见解也独到而切合实际。总之他的思想博大精深，涉及哲学、政法、社会、财经、军事、教育、文艺等各个方面，但以政治思想为主体，以绝对君主专制主义为特色。

年轻时，韩非子曾经是儒家的门徒，受业于当时著名的儒学大师荀子，学习"帝王之术"，与后来成为秦丞相的李斯是同学。李斯曾公开承认自己在学业上比不上韩非子。随着阅历的增加和认识的加深，韩非子逐渐对老师的理论失去了兴趣，认为它不具实用性，难以为积弊深重的祖国提供一副药到病除的猛剂，因而背离师门，皈依了法家。他批判地综合研究了法家前辈们的理论，如慎到的用势主张、商鞅的法治理论、申不害的术治学说。在此基础上，他博采众长自成一派，建立了法、术、势兼收的规模宏大的思想体系。

韩非子是一个坚定的爱国主义者，为了谋求祖国的富裕强盛，他苦心孤诣地求索了一生。富国强兵，是他的一切思想理论的出发点和归宿。《韩非子》中的大多数篇章，都是他向统治者奉献的"王霸之术"。生于风雨飘摇危急存亡之秋，眼看着国家政权的大厦在不断倾斜，他的内心充满忧患和焦虑，也充满了献身的热忱。为此他多次上书，进计献策，然而每一次都是泥牛入海无消息。于是他又写了《难言》《和氏》等上奏韩王，以和氏献璞自比，再次劝韩王纳谏听言，运用法术来治国图强。但国王并不理解他，既不修明法制，也不求人任贤、奖励耕战、走富国强兵的道路，反而听信虚言，放任工商牟利买官。他的耿耿忠心换来的只是冷漠和轻蔑；而当道的大臣们则对他心怀忌恨，因为他的改革方案直接危及他们的利益。因此，韩非子一直郁郁不得志，甚至时常有性命之虞。报国无门而命运多艰，使韩非子无比痛心和悲愤，在《说难》《孤愤》《五蠹》等文中，他在针砭时弊、总结历史经验教训的同时，也淋漓尽致地宣泄了自己满腔抑郁不平之气，表明了他的处境的艰难和险恶。

韩非子天生有口吃的毛病，不善于言辞交际。大概性格也比较孤僻，平常只是埋头著述，因而几乎没什么朋友。在当时的风云人物当中很少有人提到他，以至于当他的一部分文章传到秦国后，秦王嬴政还认为是古代圣哲的著作。秦王之所以能够读到韩非子的文章，还要从韩非子的同学李斯说起。公元前 236 年，李斯奉命出使韩国，见到了老同学韩非子。韩非子把自己的《孤愤》《五蠹》等文章拿给李斯看。李斯看后，决定把这些作品推荐给秦王嬴政。

果然，韩非子的理论得到了秦王嬴政的共鸣和赞赏。然而，这个偶然的事件却决定了韩非子命运的悲剧性。当时秦王嬴政无限神往地慨叹：写得太好了！我要是能见到作者，同他谈论一番，那就死也无憾了！当李斯告诉他作者是韩国的公子韩非子时，他立即下令攻打韩国，要韩王将韩非子送交秦国。此时，韩非子已经受到韩王安的重视，但是为了保住韩国，韩王将韩非子召去，任命为使者，让他"出使"秦国，去向秦王求情。这样，韩非子便以使者和俘虏的双重身份来到了秦国。

　　韩非子到秦国后，深得秦王赏识。出于报国之心，他决定施展自己的谋略和权术，离间秦国君臣的关系，转移秦国对韩国的军事压力。首先，他上书（即《韩非子》中的《存韩》篇）建议秦王"从韩而伐赵"，即联合韩国，而以赵国为进攻目标；其次，他利用秦王召见的机会，反复向秦王推销"爱臣太亲，必危其身；人臣太贵，必易主位"的观点，矛头直指李斯、姚贾。因为当时李斯向秦王提出了"先取韩以恐他国"的计谋，正在组织对韩用兵，并且打算亲自出使韩国，诱迫韩王入觐秦王，从而因为人质；而另一位大臣姚贾则奉命携带黄金珠宝出使齐、楚、赵、魏各国，破坏四国结成的军事联盟（纵约）。若能瓦解秦王对李斯和姚贾的信任，自然可以暂缓韩国面临的危机。当时李、姚二人位高权大，为秦王所倚重。李斯和姚贾作为外来者既贵且富，早就引起了秦国王室贵族的不满，在这之前曾发生大规模的排外行动，李斯专门写了《谏逐客书》为自己辩护。因而韩非子的活动严重威胁了李斯、姚贾等重臣的利益和安全。并且韩非子还向秦王揭露姚贾私交诸侯，并说姚是"监门之子，梁之大盗，赵之逐臣"，不宜重用，这就更加引起了姚贾的嫉恨。同时，姚贾也担心韩非子得势后取代自己的地位。于是李斯和姚贾便勾结起来，向秦王进谗言，说韩非子作为韩国的公子，一意为韩国着想，是不会为秦国出力的。这样的人如果回到韩国辅佐韩王，必然后患无穷。秦王嬴政虽然听信了他们的话，心里却依然怜惜这样一个难得的人才，舍不得杀掉，便下令把韩非子投进监狱。韩非子入狱后，李斯和姚贾担心秦王改变主意而重新起用他，便决定一不做二不休，派人给他送去毒药。身处困境的韩非子想面见秦王，陈说自己的政治见解和被人诬陷的冤情，却无人为他转达。在绝望之下，韩非子饮药自尽。此时是秦王嬴政即王位后第十四年，即公元前233年。后来，秦王反悔，想赦免韩非子重新启用，得到的却是韩非子病死狱中的消息，令他深为惋惜。

韩非子死后，各国君主和大臣竞相研究他的著作。秦王嬴政在他的思想指导下，成就了一统天下的伟业。

韩非是一个命运奇特的历史人物，后人对他有截然不同的评价。有人把他称颂为伟大的政治思想家，也有人把他看作厌世的悲观主义者，甚至是本性狠毒的人间恶魔。此后，各种意见争论不休，可谓尸骨已朽名未定。今后，这种争论也还会继续下去，无论是他的思想学说还是他个人的命运，都发人深思。

第 2 章

著作与思想来源

    韩非子在当时的政治舞台上并没有什么重要作为。他一生大部分时间在静观深思，从事思想理论的创建。他发愤著述，把自己对各个领域的思考，对社会、政治的主张、设计和理想等，都形成文字，写下了许多脍炙人口的篇章。这些文章集中起来，成为一部十多万言的书，这就是《韩非子》。

    现存的《韩非子》一书，共五十五篇，以《显学》《五蠹》《六反》《八奸》《八说》《八经》《说难》《孤愤》《亡征》《解老》《喻老》《主道》《奸劫弑臣》《定法》《备内》，《二柄》及《内储说》（上、下），《外储说》（左上、左下、右上、右下），《说林》等篇最为重要。其中有些篇目如《初见秦》《十过》《饬令》《问田》《忠孝》《心度》《制分》等经专家研究，并非出自韩非子手笔。它们或者因为内容相近而被编辑者掺入，或者出自韩非后学，是对韩非思想的阐发和解读。

从文体上看，五十五篇分为书表、政论、辩难、阐释、例说等几种形式。

书表有《存韩》《难言》《爱臣》等篇，是韩非子向韩王或秦王提交的建议、计策；政论部分是《韩非子》一书的主体，韩非子的政治思想主要体现在政论文章中，像《显学》《五蠹》《六反》《八奸》等篇都是长篇政论文；辩难体有《难一》《难二》《难三》《难四》《难势》《问辩》等篇，其特点是"立义设词，往来诘难"，即根据前人的行事或观点，加以评议、辩难；阐释如《解老》《喻老》，是对老子思想的阐发，也可说是韩非子以老子的概念发挥自己的思想；例说体有《内储说》《外储说》《说林》等篇，《说林》只是史事、传说和寓言故事的简单汇集，类似于原始资料汇编，而《储说》则以"经"的形式将"说"分门别类地组织起来，"经"是对"说"内含的义理的概括和提炼，"说"则是以具体的史实和故事作为例证。

《韩非子》是一部旨在实用的"帝王书"，其内容除了系统的政治理论的阐发、全面的政策主张表述、深入的统治技术探讨外，还有对社会现实和历史事件的剖析、解说，目的是为专制君主提供借鉴和参考。

韩非子思想的来源主要有五个方面：老子的道、商鞅的法、慎到的势、申不害的术以及荀子的礼制秩序观。

老子认为，"道"是宇宙万物的根源、本体和根本法则，它体现着宇宙的统一性，聚则为天地之根，散则为万物之精，形成一个统摄一切的中央机制。在《解老》《喻老》等篇里，韩非子根据自己的需要对老子的思想作了阐释和发挥，提出君、道一体的观点，认为君主作为"道"在人间的体现者，是秩序的枢纽和意义的原点，应当像"道"那样清静无为，虚己临物。韩非子关于君主"处势""用术"的主张，是以"道"的绝对性和超越性为其形而上依据的。

对作为"道"之实现者的"理"，韩非子给予了特别的关注。韩非子认为，"理"是决定一事物之为该事物的根本属性，以及事物之间的本质联系、发展趋势和运行规律。合"理"的就是"自然如此"的、必然的。韩非子关于法的客观性和公正性的论述，都是以"理"作为标准和依据的。

商鞅出生于卫国公室，名鞅，故称卫鞅、公孙鞅。入秦后因功受封於、商十五邑，因而又被称为"商鞅"。秦孝公在位期间，商鞅主持变法，极大地提升了秦国的国力，但因为触犯了旧贵族的利益招致嫉恨，在支持变法的秦孝公死后，被车裂而死。

商鞅是中国第一部成文法典《法经》的作者李悝的学生。有《商君书》二十四篇传世，阐述的主要是通过厉行法治富国强兵的主张。韩非子对商鞅变法的理论进行过系统研究，在《和氏》《奸劫弑臣》《定法》等篇中，一再引述商鞅的观点。他关于"禁游宦之民""显耕战之士""困末作""利本事""信赏必罚"等以法治国的理念，都是从商鞅那儿继承和借鉴来的。并且，韩非子对商鞅变法的内容和过程也非常熟悉。可以说，商鞅变法的成功为韩非子提供了以变法求富强的例证和信心。

慎到是赵国人，曾为齐国稷下学士。《史记》说他"学黄老道德之术，因发明序其指意"。《汉书·艺文志》记载他的著作有《慎子》四十二篇，现在留下来的只有后人辑佚的七篇。

慎到是法家重势派的代表人物。他把"势"看作君主胜众的资本和凭借，认为"势"之于人君，如同风云之于飞龙，雨雾之于腾蛇，乘势则庸主可以治天下，失势则圣君不能服一人，因而治国理民"势位足恃"而"圣贤不足慕"。韩非子对慎到的用势理论进行了改造，把势分为"自然之势"和"人设之势"而更注重后者，强调势与法、术的相辅相成，综合运用。

申不害是郑国人，《史记》说他"学术以干韩昭侯，昭侯用为相，内修政教，外应诸侯，十五年。终申子之身，国治兵强，无侵韩者"。

申不害著书两篇，世称《申子》，已散佚。申子之学，本于黄老，而主刑名，汉人刘向的《别录》将他的思想概括为"以名责实，尊君卑臣，崇上抑下"。他主张君主大权独揽，以刑名考核群臣，以权术操作部下，以实现君主无为于上，群臣效力于下的既有序又高效的安治局面。韩非子的术制思想，主要是从申不害这里继承和发展而来的。

韩非子是荀子的学生，但他几乎从来没有提到过他的老师，不过荀子的思想还是能够在韩非子那里找到一些蛛丝马迹。比如自然主义的人性论、"分义"的社会秩序观、"法后王"的历史进化观以及"计民力而授事"的管理思想，都被韩非子批判地继承。

当然，作为先秦诸子的殿军，韩非子的思想绝不仅仅来自以上几个有限的源头。先秦诸子其他各家各派，如墨家、兵家、农家、名家的理论学说，以及法家先驱人物如管仲、晏婴、吴起等人的政治实践经验，都在不同程度上为韩非子所吸收。

第 3 章

无情的时代

　　韩非子生活的时代，是中国历史上变动最为剧烈的时期之一，他的思想深深打上了时代的印记。要对韩非子和他的思想有所了解，就必须首先了解当时的社会状况和时代精神。

　　大约从春秋时期开始，在社会各个领域，一场深刻的历史变革相继发生，逐渐地改变着中国社会的性质：新的生产关系日益壮大，不断开辟着前进的道路和统治的疆域，而旧的社会基础却像流水侵蚀的沙丘，不断崩塌消融。

　　大家知道，西周统治者在夺取政权后，实行分封诸侯的制度，在血缘宗法关系的基础上，建立了对全国各地的统治。周王作为周人的族长和天下共主，把土地分封给宗族成员和亲戚、功臣，让他们建立邦国，称诸侯国；诸侯国的国君再把境内的土地分封给次一级的贵族作为采邑。这样层层分封，形成了一个金字塔式的等级结构：高居顶端的是周王，以下分别是诸侯国的国君、卿大夫和士。这是一个以血缘宗法为纽带、以土地公有为基础的政治统治体系。内部各层次间严格的统属关系，使它具有了很强的凝聚力。各级贵族通过对土地的控制来实现对下属的控制，其中每个成员都承上统下，在享受权利的同时承担应有的义务。为了保持它的稳固，统治者又建立和完善了嫡长子继承制，以防止由于土地关系的变动而导致的政权体制的破坏。同时还建立了一整套烦琐的礼仪制度。这套礼仪制度的作用主要有两个：一是将每个社会成员的名分（*即与他的地位相联系的特权和义务*）明确地规定下来，使他的行为符合社会的规范和要求；二是通过这种系统化的仪式，强化社会成员间的亲情联系，以削减他们内部的矛盾和竞争。这种礼仪制度后来被称为"周礼"，对后世产生了深远的影响。它同分封制一起，把每个社会成员都纳入了严格的等级网络之中，从而在当时的社会条件下，基本上实现了对社会的有效而稳定的统治。

到了春秋时期，社会生产力获得了很大提高，因而使较大规模地开垦荒地成为可能。社会财富的迅速增加，进一步刺激了人们的欲望。各级贵族争相开疆辟土，传统的土地制度受到了强烈冲击，周王再也不能通过控制土地控制诸侯了。有些诸侯国的势力超过了王室，周天子的地位一落千丈，首先从金字塔的顶端跌落下来；不久许多诸侯国的国君也遭到了同样的命运：由于卿大夫势力的膨胀，他们许多人沦为傀儡，或干脆被取而代之。例如春秋时，齐国的大臣田常继承其父争取民众的策略，用大斗贷，用小斗收，取得了民众的拥护，在齐简公四年（前481）杀死简公，拥立齐平公，任相国，控制了公室的命脉。从此，齐国的政权完全控制在田氏手中。在晋国，韩、赵、魏三家在公元前376年瓜分公室，建立了三个新的诸侯国。另外，大夫之间也发生了连绵持久的相互攻伐兼并。贵族阶级的最下层——士则摆脱了旧有秩序的束缚，成为凭一技之长谋取衣食的自由分子。总之，原先那牢固的等级秩序四分五裂了，出现了"礼崩乐坏"的局面。

然而，春秋还只是一个过渡阶段，真正天翻地覆的变化出现在战国时期。长期积聚起来的破坏旧制度的力量全面爆发了。沧海横流，波涛汹涌，历史的洪流在这里卷起了滔天巨浪，势不可当。

这时，随着铁制农具的广泛运用，牛耕技术的推广和水利的兴修，生产力获得了飞跃式的发展；旧社会的基础——土地公有制土崩瓦解了，过去那种聚族而居、互相隔绝的状况被打破，以家庭为单位的小农成为生产的主力，并被专制国家组织起来成为纳税服役的编户平民；多数人都摆脱了家族的束缚而成为独立行动的个体。因此，人与人之间社会联系的纽带，不再是那种以亲情服从为特征的血缘宗法关系，而基本上成了一种"以力相待"的利害关系。

商品经济在这个时期也发展起来，进一步改变了人们的思想观念，冲淡了人与人之间的情感联系。在卖与买的市场上，一方的盈利往往以另一方的亏损为前提，人与人之间的利益冲突表现得最为显著。许多人利欲熏心，往往昧着良心做一些囤积居奇乃至坑蒙拐骗的勾当。发了财的富商大贾车马成队，得意扬扬地往来于列国之间。人们的思想观念陷入了普遍的混乱和躁动不安之中，都希望取得更多的利益。

这时，那套旧的维系和调节社会关系的等级秩序——礼仪制度几乎荡然无存了。人们的生活失去了共同的理想和信念，因而也失去了判断是非的依据和标准。人与人之间的竞争变得空前激烈起来。生存成了一个现实的问题：强力和权谋成为主导人们生活的首要原则，操纵、欺骗、破坏和杀戮是这个时代舞台上演出的主题；天下人熙熙攘攘，都为利禄而奔走，人类自私自利的根性空前明显地暴露在光天化日之下。那些有权有势者，众人趋之若鹜；穷困潦倒者，即使亲朋故旧也会视同路人。随便举两个例子：赵国有一个大将叫廉颇，曾经一度被免职，当时依附他的人纷纷离去；当他重新得势后，离开他的人又都回来了。廉颇愤怒地斥责他们：你们都滚吧，我不需要你们！那帮人竟厚颜无耻地回答：您有权势时，我们来投靠您；您失势时，我们就另找主人，这本来是很正常的嘛！苏秦第一次游说诸侯，失意而归，父母妻妾都对他冷若冰霜。后来他衣锦还乡，一家人诚惶诚恐地围着他转，为此苏秦曾大发感慨：同一个人，富贵时人人对他无比敬畏，贫贱时即使血缘至亲都不把他放在眼里。人生在世，能够对富贵利禄等闲视之吗？

当时，社会上出现了一大批游食四方的士人，他们当中那些有点头脑的，往来于列国的权贵之间，凭自己的伶牙俐齿谋取衣食之资。他们可以朝秦暮楚，追逐着荣华富贵。那些孔武有力的游侠，则持刀挟剑，强夺豪取。他们或往来于江湖，从事锄恶济弱的功业；或依附于权门，做一些酬恩报怨的勾当。他们重侠义，轻性命，却往往不问是非黑白，稍成怨隙，便刀剑相加。当时出现了许多著名的游侠如朱家、郭解、聂政、荆轲等。这都是一些铁石心肠的人，即使剖肝裂胆也会谈笑自如。

在战国时期，那些在社会人生舞台上大显身手的角色，大都是一些无情的家伙。乐羊在魏国做将军时，率众攻打中山国。当时他的儿子正在中山，中山国的国君把他儿子煮了，给他送去一杯肉汤，他面不改色心不跳，坐在帐下把肉汤喝完，然后发出了进攻的命令。吴起是著名的军事家，本是卫国人，年轻时与乡里发生口角，他一口气杀死了三十多人，逃到了鲁国。齐国进攻鲁国，鲁国的国君想以吴起为将，但因为吴起的妻子是齐国人，又犹豫不决；吴起知道后，就把无辜的妻子杀死，以表明自己立场坚定。这些人在生活中无情无义，一旦上了战场，更成了杀人不眨眼的刽子手。

这时的战争变得空前激烈，空前残酷。国与国之间群雄逐鹿，弱肉强食，许多存在了数百年的邦国纷纷灭亡或沦为附庸；相互兼并的结果，秦、齐、燕、赵、韩、魏、楚七大国脱颖而出，被后世称为"战国七雄"。这七个大国又为了自身的利益展开了殊死的搏斗。这时，中央集权的专制制度在对内对外的斗争中基本完善起来，使得每个国家都能最大限度地动员人力物力投入战争。从战国初年开始，大大小小的战争就连绵不断，各国老百姓难得过几天安稳日子，他们成批成批地被赶上战场，又成批成批地倒下成为怨鬼冤魂。与以前相比，这个时期的战争在规模上空前扩大了，参战双方的兵力往往达到几十万；战争持续的时间往往达数月甚至数年之久，其残酷程度在战争史上是罕见的。

公元前 354 年，秦军于石门大败魏军，魏军六万人捐尸沙场；

公元前 346 年，秦军再次大败魏军，八万魏军命归黄泉；

公元前 293 年，秦将白起率军攻打韩国、魏国，一次消灭二十四万人之多；

公元前 259 年的长平之战中，秦军大败赵军，俘虏四十万人，几乎全被活埋。

在这一次次的血腥肉搏中，平民百姓像野草一样被践来踏去，生命毫无价值可言。这个时代的话语，是用血和火写出的。

在春秋时期，一个诸侯国对另一个诸侯国发动战争，往往要找一个说得过去的借口，摆出一副王者之师的派头，堂堂正正地临境问罪，不然面子上过不去心里也不踏实。例如，齐桓公娶了蔡侯的女儿做妻子，俩人乘船游玩的时候，蔡侯的女儿摇动船身，让齐桓公非常害怕，再三制止，妻子不听。齐桓公一怒之下把妻子给休回娘家了。等齐桓公想再召回的时候，蔡侯已经把女儿改嫁了。这让齐桓公有些恼羞成怒，要去讨伐蔡国。管仲对此加以规劝："夫妻之间的玩笑，不足以作为理由去讨伐别人的国家。还是别为这件事计较了。"齐桓公听不进去，管仲只得挖空心思地想了另一个主意："听说楚国的三脊茅已经三年不向周天子进贡了。与其这样，不如起兵为周天子讨伐楚国。楚国屈服后，便回来袭击蔡国。理由就是：蔡国不调兵响应我们为周天子讨伐楚国。这样做，在名义上是正义的，而实际上却又有报仇的实效。"在当时，双方将领兵戈相见也不失君子风度，见到敌方君主往往还要行君臣大礼，作战过程中要遵循严格的"礼仪"。例如：齐桓公之后，宋楚争霸，宋国的国君襄公亲自率兵和楚国交战。开战的时候，宋襄公按"礼"而行，失了战机。因此，宋军大败，襄公也身受重伤。宋国的人都责备襄公，襄公辩解说："君子不重伤，不擒二毛。古之为军也，不以阻碍也。寡人虽亡国之余，不鼓不成列。"意思是，依据古"礼"，双方交战之时，不能杀戮受伤的敌人，不能俘虏头发斑白的敌人，排兵列阵不能利用险阻之地。到了战国，这一切都变得毫无必要了：强力即真理，胜者荣而败者辱，只要能达到目的，没有不可采用的手段。当时出现了许多兵书，如闻名于世的《孙膑兵法》《吴起兵法》等，充满了冷冰冰的权谋和诈术。孙膑是战国时的兵家，齐国人孙武的后人，与商鞅、孟轲是同时代的人。他曾与庞涓是同学，一起学习兵法。后来，庞涓做了魏国的将军，把他骗到了魏国，对他处以膑刑（去掉膝盖骨）。后来，孙膑被齐国的使者秘密运回齐国，被齐威王任命为军师，先后在桂陵和马陵大败魏军。他主张"战胜而强立，故天下服矣"，提倡"赏不逾日，罚不还面"，同韩非子一样，体现着以力相争、以诈相胜的冷酷无情的战国精神。

总之，这是一个无情的铁与血的时代，国家凭借强力而存在，民众依靠强力而生存。在千头万绪的乱战和纷争的情势下，再像孔子、孟子所鼓吹的那样，靠提倡自我克制和弘扬仁义道德来建设相亲相爱的社会，或者如庄子所宣扬的那样，靠去智去欲泯灭争心、回归自然、消解矛盾来实现和谐安宁，都是根本行不通的。只有采取强有力的铁一样的手段，才能整顿秩序，实现国家的安定和富强。

于是，主张严刑峻法的法家应运而勃兴。法家理论渊源甚远，但直到这时才压倒诸家，风光一时，出现了申不害、慎到、商鞅、吴起等变法大师。在法家的影响下，也是出于富国强兵的现实需要，各个诸侯国相继展开了以厉行耕战为中心内容的变法运动。借政权的力量进一步打碎旧有的秩序，以刑赏为手段调控全国的力量以从事战争，人完全被体制化、工具化了。为了强化对广大民众的控制，一些国家还实行严酷的什伍连坐制，迫使人们相互监视、相互提防。这样每个人都成为潜在的敌人，原先那种温情脉脉的血缘亲情的面纱被撕得粉碎。

可以说，法家的思想理论完全体现了这个时代的思想特征。一些法家人物，如商鞅、吴起等人，以毫不手软的决绝态度厉行变革，取得了显著的成效。在与旧贵族的斗争中，他们自己也成了被无情报复的牺牲品。商鞅被车马分尸，吴起被乱箭射死。

历史的列车不是任何人所能阻挡的，它以自己的规律，在血与火的拼搏中，在人性的呻吟里，隆隆地向前开进。到战国末期，出现了众流归海、天下一家的大势。新的情况需要新的思想理论，时代呼唤着自己的思想家。于是，韩非子应运而生，顺势而起，成为那个时代最有力的代言人。

第 4 章

危言说忧患

　　韩非子是作为一个思想家名扬后世的。然而当初，他并不是为了成为一个思想家才著书立说的。他著书立说，有其现实的目的和愿望。因此，要理解韩非子，理解他的思想，必须首先了解他的人生遭遇，了解他内心的忧患、哀伤、抱负和追求。

山 河 破 碎

　　在战国七雄中，韩国的势力一直是比较弱的。申不害做丞相时，曾一度强盛，但也不过可以免于被侵略罢了。此后韩国江河日下，一直危机四伏。

韩国所处的地理位置十分不妙：秦、楚、赵、魏诸大国环伺边境，使它穷于应付。不是与这个国家发生矛盾，就是与那个国家产生摩擦；和这个国家接近了，就会招致另一个国家的报复。因此韩国战事连绵，损兵削地不断。到韩非子生活的时代，西方的秦国强盛起来，兵锋所向，咄咄逼人，大有并吞天下之势，而韩国首当其冲。东方六国感到了灭亡的危机。为了免于被各个击败，各国多次企图联合起来一致抗秦，这被称为"合纵"；秦国针锋相对，采取拉打结合的手段，诱使或逼迫某个东方国家与其联盟，以瓦解敌对阵营，这被称为"连横（衡）"。无论是"合纵"还是"连横"，韩国都深受其害。秦国要向东发展，韩国是第一块踏板；倘若六国联合抗秦，则韩国将成为水深火热的主战场。有时韩国迫于秦国的强大压力，依附秦国，会遭到其他国家的一致攻击。韩国使尽浑身解数与强邻周旋，结果情况越来越糟，势力一天比一天削弱。

　　公元前296年，韩出兵与赵、魏联合击秦；

　　公元前293年，秦将白起进攻韩伊阙，大败三国联军；公元前291年，秦攻占韩国宛地，第二年，韩被迫把武遂割让秦国；

　　公元前286年，秦军败韩师于夏山；

　　公元前275年，秦攻魏，韩出兵救魏，结果大败而还；

公元前 263 年，秦取韩南郡；

公元前 262 年，秦将王贲攻韩，攻占十二座城池；

公元前 259 年，韩被迫献垣雍之地于秦；

公元前 254 年，韩王入秦朝见秦王；

⋯⋯⋯⋯

韩国的史册记满了失败。风雨飘摇，山河破碎，祖国的深重灾难和暗淡前途使韩非子痛心疾首，忧急万分。公元前251 年，秦昭襄王去世，其他诸侯国都派出将相前去吊唁，韩王却不得不披麻戴孝，像孝子一样亲往祭奠，这是弱国不得不接受的奇耻大辱。韩非子为此发出了"主辱臣苦"的深沉慨叹。作为王室的一员，他注定了要与他的祖国同荣辱、共患难。他渴望着有所作为，渴望着以自己的赤胆忠心，起衰振敝，整顿河山，挽救祖国濒于灭亡的命运。

国 政 荒 唐

然而，当韩非子的目光从国际局势的风云变幻中收回来，注视国内的情形时，他深深地失望了。当时的韩国，民生凋敝，国库空虚，军队疲弱不振，老百姓心情抑郁，没有一点生气和热情，整个国家千疮百孔，如同一棵腐朽的大树，枝朽根烂。

更令人忧惧的是，从韩国的政治中，根本就看不到摆脱危机的出路，找不到能挽回危局的力量。以国君为首的当权者似乎失去了认识和决策的能力，他们像可怜的落水者一样，盲目地扑抓着救命稻草，今天听从这个人的主意，明天又接受那个人的主张，朝令夕改，疲于应付，结果对内对外都搞得一塌糊涂。当权者不懂得只有自强才能胜人，只有进行扎扎实实而又坚持不懈的改革，才能实现富国强兵的目的。

在韩非子看来，韩国政治上的混乱腐败表现在各个领域、各个方面，而最突出的有如下两点：

一是国君昏昧不明，大臣枉法窃国。国君行政遵从的不是公正严明的法度，而是自己的喜怒好恶。这就使国家政治失去了客观的标准，为大臣留下了可乘之机。大臣们将心思都用在猜度君主心理上，千方百计地讨好和迎合国君。国君被蒙蔽，对他们大加信用，国君的权势因而转移到他们手中，成为他们谋取私利的工具。他们结党营私，相互包庇，牢牢控制了政权，从而卖官鬻爵，假公济私。下边的人为了自身的利益，纷纷走后门，甘愿依附于权贵门下，而将国家和君主的利益抛在脑后。这样政出私门，利归臣下，国家像个破损的粮仓一样，被成群的老鼠盗空了。

二是本末倒置，是非颠倒。国家要强大，必须满足两个基本条件：一是要有强大的经济后盾，具体地说，就是要有充足的粮食；二是要有一支强劲的军队，士卒勇于战且乐于战。因此，国家的基本方针政策，应把民众引上致力于耕战的轨道，并且加以劝勉和鼓励。然而，在当时的韩国，国君不顾眼前急迫的现实，而迷惑于儒生们所鼓吹的先王之道，以虚浮无用的仁义礼智信修饰自己的门面，对那些四体不勤、五谷不分，专门靠摇唇鼓舌讨生活的说客辩士授以高官厚禄。臣下迎合君主的喜好，也竞相以美言虚辞相标榜，因而荒于职守。社会上出现了一大批道貌岸然又无所事事的寄生虫。更严重的是，由于执政者受了许多旁门左道的错误言论的影响，也是出于自身私利的考虑，评价事物是非不分，制定政策自相矛盾。韩非子专门写了《六反》一文，揭示本末颠倒的社会现象：那些贪生怕死、逃避危难的人，一旦面临战事非逃即叛，却被称誉为"贵生之士"；那些研讨所谓的道术、礼仪，热衷于建立种种无用学说的人，拒不遵守国家的法制，却被尊崇为"文学之士"；那些在各国之间游荡、接受诸侯豢养的人，追逐的是口腹之欲，却被看作"有能之士"；那些到处花言巧语、逞才竞智的人，靠招摇撞骗谋生活，却被标举为"辩智之士"；那些带剑横行、好勇斗狠的人，本来是蔑视国家法律的暴徒，却被艳称为"磏勇之士"；那些救助盗贼、庇护奸邪的人，本来是应当处死的罪犯，却被称扬为"任誉之士";而相反,那些赴险蹈难、坚守诚信的人,甘于为国家大义献身,却被贬低为"失计之民";那些埋头苦干、唯君长之命是从的人,坚守国家的法令制度,却被蔑称为"朴陋之民";那些靠勤奋耕作谋取衣食的人,是国家财富的源泉,却被轻视为"寡能之民";那些心地善良、品行纯粹的人,安分守己与世无争,却被贬抑为"愚憨之民";那些尊重命令、敬慎职守的人,一贯服从上面的安排,却被小看为"怯慑之民";那些致力于摧折逆乱、挫抑奸邪的人,为君主做耳目告奸察恶,却被轻诋为"谄谗之民"。总之,勤于耕种、勇于战斗的忠厚百姓,反被社会所轻视,没有人关心和爱护。这使人们的思想产生了骚动和混乱:既然勤于耕种被看作愚钝,既然勇于作战得不到奖励,谁还愿意从事耕战这艰苦和危险的事业?既然有更便利的途径可以取得富贵荣华,谁还愿意老老实实地固守本分?因而人们各施手段,广开门路,或游学,或任侠,或纵横长短,追逐利禄,或修名养誉,博取富贵,像吸血自肥的蚤虱一样从不同的地方侵害着国家的肌体。

政策上的本末倒置还表现在对工商的宽纵上。与农民相比,工商之人付出的劳动少而获得的利润多。因此,不对工商严加限制,就无法使农民安心生产。并且商人囤积居奇,会影响农民的生计;移居国外,又会造成财富外流,对国家的害处是多于好处的。然而，当时韩国的执政者对此却缺乏清醒的认识，放任他们自由发展。工商之人结交权贵，用轻易获取的钱财买官买地，趾高气扬地享受荣华富贵。人们看到从事工商有厚利可图，竞相为之，生产者少，消费者多，严重影响了作为立国之本的农业的正常生产，削弱了国家的实力。

总之，当时的韩国如一个内外交困的重病人，只能苟延残喘了；唯有痛下决心，服用对路的猛剂才能起死回生。但当政者昧于实情，又讳疾忌医，这样除了自取败亡外，还会有什么结果呢？鉴于这种令人痛心的情况，韩非子写了《亡征》一文。在这篇文章中，他总结了历史上的经验教训，一口气提出了四十七种导致国家败亡的征兆，其中大部分是针对韩国的情况而发的。他写道：

凡是君主之国弱小而卿大夫的封邑强大，君主之权轻而臣下之权重，这样的国家，有灭亡之虞；

轻视法律禁令却追求计谋巧智，不以富国强兵为本而依赖外交求得救援，这样的国家，有灭亡之虞；

君主喜好大兴土木，讲究车马服饰、器用玩物，榨取百姓的血汗而不顾及他们的疾苦，一味追求奢靡的生活，这样的国家，有灭亡之虞；

无论做什么事情都要依靠星占来选择吉日良辰，占卜迷信，侍奉鬼神，喜好祭祀，这样的国家，有灭亡之虞；

君主听取意见的依据是说话人的爵位的高低，而不依据事实的检验，单方面听取一个人的意见，这样的国家，有灭亡之虞；

官职借助权势可获，爵位用钱财可以买到，这样的国家，有灭亡之虞；

君主爱占便宜，极其贪婪地追求财富而不知满足，这样的国家，有灭亡之虞；

君主凶狠强硬而不随和，固执地不听别人的劝谏，喜欢盛气凌人，不顾国家的安危而轻薄地自以为是，这样的国家，有灭亡之虞；

君主狂妄自大而又不悔悟，国家混乱不堪还自吹形势一片大好，自不量力地藐视邻国的实力，这样的国家，有灭亡之虞；

…………

四十多个"可亡也"一气吐出，危言警语，痛切而冷峻，使人胆战心惊。

然而，有亡国征兆的国家，不是说它一定会灭亡，而是说这种国家有灭亡的可能。就像树木虽然遭虫蛀蚀了，不遇疾风也不会折断；土墙虽然有了裂缝，没有大雨也不易倒塌。韩非子并不认为他的祖国已经不可救药。他坚信，如果能厉行变法，赶在暴风雨到来之前消除病根，韩国还是有希望重获生机的。他决心努力一试，挽狂澜于既倒，扶大厦于将倾。

志士的悲慨

不过，韩非子清醒地认识到了摆在面前的道路是多么坎坷、多么艰险！

变法必须通过国王来进行。没有国王的庇护和支持，变法是不可能取得成功的。然而，从来伴君如伴虎，与君主打交道是世界上最危险的事情之一。韩非子打了一个比喻，他说：龙是一种温顺的动物，人人都可以骑上去玩耍，然而它的脖子底下有一种逆鳞，如果不小心触犯了它的逆鳞，它就会勃然大怒，把人吃掉。人君也有逆鳞，却看不到在什么地方。因此说不定在什么时候就会触犯它。君主至高无上，大都刚愎自用，凭自己的好恶行事，而他们的好恶又变幻无常：一会儿阴云密布，一会儿天高气爽，一会儿雷霆震怒，一会儿惠风轻扬。臣下尽管小心翼翼，千方百计地讨好、迎合，仍然难免触怒圣心，以致横遭杀身之祸。君主喜欢你时，什么都好，错的也是对的；一旦失去君主的欢心，那就无论怎么做都是凶多吉少了。从前卫国有个叫弥子瑕的，深受卫君宠爱。当时卫国的法令规定，偷着使用国君坐的车，要处以刖刑（*砍掉双脚*）。一次弥子瑕的母亲夜里病了，有人把这个消息告诉了他，他非常着急，便谎称有国君的命令，驾上国君坐的车赶回家去了。卫君听说后大加称赞，说：弥子瑕真是个孝子啊！因为关心母亲，把犯罪受刑的事都忘了。还有一次，他陪着卫君在果园中游玩，吃到一个桃子，味道特别甜美，就把剩下的一半送给了国君。卫君高兴地说：弥子瑕可真是爱我呀，把好吃的桃子送给我，却忘了那样做是不礼貌的。后来弥子瑕失去了君主的欢心，在一次获罪后，卫君生气地说：这就是那个曾经假托我的命令使用我的车子、又把吃剩下的桃子送给我的人吧！弥子瑕做的事情并没有改变，然而当时受到称赞，后来却被怪罪，这不是完全取决于君主个人的好恶吗？

有些君主处心积虑以权术对付臣下，那臣下的处境就更危险了，君主可以随心所欲地将臣下玩弄于股掌之上。譬如说当臣下向君主进言时，如果文采斐然，就可能被认为华而不实；如果简明周到，就有可能被认为粗卑笨拙；如果辞顺言甘，则容易被看作阿谀奉迎；如果理直气壮，又容易被看作放肆粗鲁。总之，为人臣子的是前有陷后有阱，左有笼右有套，防不胜防，难以应付。因此，韩非子指出变法家向君主进计献策，困难还不在于如何把问题讲透彻、说清楚，而难在如何把握君主的心理，如何选择适当的时机，采用适当的方式。一句话，在于如何讨君主欢心。然而，良药苦口，忠言逆耳。既有益于国计民生又符合君主个人的私意是很难的，因此，自古变法多悲剧，历史上无数勇猛精进的贤能之士，由于遭遇昏君暗主而折戟沉沙。

悲剧的根源还不止于此。法家即"法术之士"，厉行法制，必然与损公肥私的当权大臣发生冲突。当权大臣即韩非子所称的"当途之人""重人"，是危害国家的大蠹，是法制所打击的首要对象。因此，法家与他们是势不两立的仇敌。

在与当途之人的斗争中，法术之士处在绝对不利的地位。当途之人善于迎合君主，往往为君主所信用。他们一手遮天，控制了国家的利益，有一大批亲戚朋党为他们讲情说话，又有一大群走狗帮凶为他们摇旗呐喊，而法术之士则势孤力单，无所依傍。在这种情况下，法术之士的变革之路怎能不危险重重呢？在《孤愤》篇中，韩非子椎心泣血般倾诉了法术之士在与"当途之人"的斗争中所面临的艰难和危险——五种不可能赢的情势：君主对法术之士恩疏情薄，而对当途之人信爱有加，此不可赢情势之一；法术之士往往都是新来乍到，而当途之人大都是君主的亲近故旧，此不可赢情势之二；当途之人往往与君主同好同恶，法术之士却常常忤逆君主私心，此不可赢情势之三；法术之士地位卑微低贱，而当途之人贵势凌人，此不可赢情势之四；法术之士单枪匹马，当途之人势可倾国，此不可赢情势之五。身处"五不可赢"之绝地，却坚持"不共戴天"之立场，法术之士怎能不危险重重？当途之人握有国家的刑罚之权，又豢养着大批私人杀手，对侵犯他们利益的法术之士，能够诬以罪名的，就按国法处死：不能够诬以罪名的，就派刺客去杀害。这样，法术之士便逃不脱死亡的下场了。比干剖心，商鞅死于秦，吴起死于楚，这些杰出的法术之士对社会作出了卓越的贡献，却都不得善终，这怎能不令仁人志士扼腕长叹！

春秋时期，楚国有个叫卞和的人，在山中得到一块罕见的璞玉，献给厉王，厉王让玉匠辨识。玉匠只是凭以往的经验，粗略地看了一眼，便断定这只不过是一块普通的石头罢了。厉王一听大怒，以欺君之罪下令砍去卞和的左足。后来，武王即位，卞和不甘心，又去献宝。谁知，又遇上一个不识货的玉匠，还是把这个宝贝当成普普通通的石块。武王也被惹怒了，卞和又以欺君之罪失去了右脚。到文王即位之后，卞和抱着玉没有去献宝，而是在楚山下大哭，哭了三天三夜，惊天动地，眼泪流干了，接着眼中流出了血。文王听说这件事后，派人去问卞和，为什么哭得如此伤心。卞和回答："我伤心的不是双脚被砍，而是宝玉被看作石头，忠贞的人被看作骗子!"文王于是命令玉匠把卞和的璞玉加以雕琢,果真琢出一块举世无双的宝玉,称之为"和氏璧"。

韩非子在讲了上面这个故事后,大发感慨。他说,人主喜欢宝玉,往往不惜一切地去追求,但卞和却是在付出了双脚被砍的代价后,才使自己的宝玉为君主所接受。人主对法术的需求远不如对宝玉的需求那样迫切,法术之士尽管忠心耿耿,满腹治国安民的方略,却怎能为君主所赏识?不付出生命的代价,又怎能实现自己的志向和理想?

天生窈窕才善于舞蹈,本钱多了才好做买卖。在韩国这样一个积贫积弱的国家实行变法,本来就是万分不易的,又加上层层阻碍,重重艰险,怎能不令人心灰意冷?但韩非子并没有因此而退却,他决心沿着选定的道路坚定不移地走下去。有一个叫堂溪公的人,曾劝韩非子知难而退,韩非子慷慨激昂地回答他:"害怕祸患,回避危险,只知道明哲保身而不顾大众的利益,那是自私自利者卑鄙的行为,我即使粉身碎骨也不会那样做!"韩非子怀着救国的愿望,以一种面向大旷野的精神,自愿走上了一条勇者之路。他究天人之际,穷古今之变,上下求索,苦心孤诣地探求济世利民的真理。

人类社会熙熙攘攘,千头万绪,使人眼花缭乱。要建立合理的秩序,该从哪些地方入手?遵行什么样的原则?使用什么样的方法？要回答这些问题，必须透过表层现象，去把握人类生活的本质、原理和规律。

人类是大自然的一个组成部分，支配自然世界的规律同样会对人类社会起作用。大千世界变化无穷，生生不息，推动这一切的是什么样的力量？形形色色的事物是怎样联系、变化和发展的？人作为一种存在物有自己的本质和特性，这些本质和特性具体包括哪一些？它们如何呈现和作用于现实生活？人类社会的发展是一直奔向未来还是循环往复？……对于这样一些似乎无穷无尽的问题，韩非子都作了严肃而认真的思考，并在此基础上建构了他的政治思想的巍然大厦。

第5章

天人之际的思考

　　这一章简要介绍韩非子的哲学思想，即他对天道自然及人生实践的一些基本看法。这些内容主要包括如下一些问题：世界的本原是什么？事物怎样相互区分又相互联系？它们是静止不动的还是变化发展的？人类的智慧能否认识世界的性质及其规律？根据什么样的原则行事才会有成功的可能？对这些问题，韩非子都作了富有个性色彩的回答，这是他政治思想的理论基础。

道　与　理

　　韩非子认为，世界上的事物，包括人类在内，尽管林林总总、千奇百怪，却有一个共同的本源，这就是"道"。道是万类之母，包纳一切，它无形无色，往来无迹。只是因为有了道，天才成为天，地才成为地，日月星辰才放射出光辉；四季循环，寒暑交替，雷击电闪，云行雨施……这一切的一切，都是由于道的运行和推荡。道无始无终，自然而然。顺应它，就会无往而不利；悖逆它，则灾祸不可免。天道是包括人在内的万物的根本。受了外物的引诱，违背了天道，就是"拔"；心神总是摇荡不定，就是"脱"；人一旦脱离了这个根本，处在"拔"和"脱"的状态，就成了无根之树，不可救药了。

道本身是不可见的，然而它表现在实实在在的万事万物之中。事物不仅相互联系，组成一个不可分割的整体，而且还相互区别；事物之所以能相互区别，在于它们都有大小、高矮、冷热、坚柔等不同的性质和特点，这就是事物的"理"。理是道的表现，它受制于道，归属于道。

根据道的特性，韩非子提出了"因自然"的主张。所谓因自然，就是无论干什么事，都要顺应自然，因为自然体现了道的意志。他说，倘若在冬天耕种，即使农神后稷也不能生产出一株谷子；如果在风调雨顺的年头不失农时，勤于耕耘，即使很愚笨的人也能获得丰收。任何事物都有自己的规律，顺应它就会事半功倍，悖逆它只能事与愿违。如果依仗自己的智慧和能力，去做一些违反自然常情的事情，即使造不成危害，也是劳而无益的。宋国有个人，花了三年时间为国君用象牙刻了一片楮叶，楮叶刻得惟妙惟肖，放在真实的楮叶中都分辨不出来。这个人以此享受国君的俸禄。试想，如果天地自然也需三年才生出一片叶子，那形形色色的植物中有几种能有叶子？

落实到政治生活中，因自然就是建立合乎人情的法度，然后完全依据法度行事，不以任何个人的聪明才智干涉法制机器的运行。君主不能随意而为，他应从具体的行政事务中退出来，只掌握根本性的原则和标准，以简驭繁。韩非子把君主和道看作一回事，认为人类社会中的道就体现在君主身上。道是独一无二的，君主也是独一无二的；道无为而无不为，君主也应保持安闲虚静，摒除个人的喜怒好恶，使自己不受蒙蔽，像明镜一样照鉴一切。君主不流露出自己的偏爱，不显示自己的好恶，那么，臣下就抓不住控制君主的把柄；君主不张扬自己的心机，像深渊古井一样深藏不露，臣下就会小心翼翼地自我防范；君主不炫耀自己的智慧和勇力，一切依据法理办事，臣下就会忠于职守，各尽其能。这样才会有国家的强大。

仅仅顺应自然还不能做到功到必成，因为事物是复杂多样的，应作具体分析。春种秋收是因自然，但种谷子与种黍子就应当区别对待。事物之理各不相同，对人们的行为就要有不同的限制和要求。因此，不论干什么事，都应当"循事理"。事理就是人类活动所应遵守的规矩。不守规矩而轻举妄动，只会碰得头破血流。韩非子举例说：人们都知道虎豹的爪牙厉害无比，却不知无论什么事物都有它的"爪牙"，不加注意，就会被它们所伤害。在阴雨凉风的日子里，一早一晚出入山野，就会被风露的"爪牙"所害；不加节制地放纵自己的欲望，做事休息没有规律，就会被疾病的"爪牙"所害；不忠于主上，横行乡里，就会被法律的"爪牙"所害。喜欢凭个人的智巧办事，而不遵循客观规律，那么就会被"道"和"理"的天罗地网所伤害。各种祸害都有它们的根由，就如同野兽都有自己活动的区域。避开野兽活动的区域，堵塞各种祸害的根源，就可以避免各种无妄之灾。就是说，只有按理行事，才能处处避害就利，逢凶化吉。

循事理还意味着无论干什么事，都应当考虑一下可能性如何。在《观行》篇中，韩非子说：天下确定不移的事情有三：一是智慧再高也有考虑不到的地方，二是力量再大也有举不起的东西，三是势力再强也有不能克制的事物。尧是聪明睿智的圣王，没有众人的帮助也不能成就大事；乌获力气大，没有别人帮助不能把自己举起来；孟贲身体强，没有道术不能长生不老。时有满虚，事有利害，物有生死，这都不是人力所能控制的。有些事情经过努力可以办到，有些事情无论怎样努力都不能如愿。譬如说，谁都不能抓着自己的头发把自己提过江去，谁也不能挟起泰山跨越北海。当年智伯兼并了范氏、中行氏，不考虑情势的变化和人心向背的转移，还要继续攻打赵氏不肯罢休。结果，韩魏背叛了他，他的军队在晋阳一败涂地，自己落了个死无葬身之地的下场。他的封地被瓜分掉，头骨也被处理成了胜利者手中的酒杯。不考虑可能性而一味蛮干，难免身败名裂成为天下人的笑柄。

另外，循事理还意味着做事要预留余地。聪明的匠人雕刻人像，会把鼻子刻得大一点，眼睛刻得小一点，为什么？因为鼻子大了可以往小处修改，眼睛小了可以往大处修改，反过来则就行不通了。人生处事也一样，无论做什么事情，都要预想到种种可能的结果，留出转圜的空间；即便坚定了目标，认准了方向，确定了原则，还要考虑到外部的形势、内在的条件随时会发生变化，应当灵活机动地根据变化了的情况调整对策，做到进退有据，收放自如。倘若只是抱定了某个死理一条道走到黑，如果不遭受挫败只能是因为侥幸了。

变　化　观

　　道不是静止不动的，静止不动就不能创造和推动形形色色的世间万象。因此，变化是永恒的，无条件的，宇宙中的一切都处在永不间断的变化之流里。

　　人类社会也一样，在不同的时期有不同的情况和特点。因此，用以维系社会秩序的法令制度也必须适应时宜，加以改造和创新，不能墨守成规，故步自封。

　　在各个思想领域里，韩非子都坚持了变化的观点，这是他的变化主张的理论依据。

　　关于变化的方式，他认为，不论什么样的事物，它的成长壮大与衰退消亡都有一个由小到大、由微小到显著的过程。他说：滔滔长江大河，汇自涓涓雪山之水；巍巍参天大树，长于纤纤草底之苗。因此，聪明的人之所以聪明，就在于他们能见微知著。当年商纣王以象牙做筷子，箕子见了马上忧虑不安。因为有了象牙筷子，就不会再使用陶制的器皿，必然配以金杯玉盘；吃的将不再是谷麦菜蔬，而代之以熊掌豹胎；住的不再是陋室茅屋，而代之以高台大厦；穿的不再是布衣短葛，而代之以锦衣华裘。果然，商纣王耽于声色，一天比一天更加奢侈放荡，过着酒池肉林的生活，因而很快便国破身死。

由此，韩非子进一步指出，人们在处理事务、解决问题时，应当掌握早下手为强的原则，及早发现苗头，采取相应的措施。一些最后很难处理的问题，如果发现得早，及时想办法，就很容易解决。这就像一棵小树苗，不用费力就能拔出来；待长成参天大树，想把它砍倒，就得费大力气了。因此，不能因为有些事情眼前造不成危害就毫不在意。千丈高的堤坝，往往毁于一个小小的蚁穴；而一点星星火花，就可以导致燎原大火。等事到临头，即使后悔也来不及了。韩非子把见微知著的智慧称为"微明"，强调智者应"起事于无形，而要大功于天下"，于事物朦胧暗昧之际洞察先机，预设手段。他举例说："有一次神医扁鹊见到蔡桓公，看了一会儿，说：'您病了，病灶在皮肤上，不治会更严重。'蔡桓公很不高兴地说：'我没病！'扁鹊出去了，桓公对身边的人说：'当医生的都喜欢给没有病的人看病，把"病人"的康复当作自己的功劳。'十天后，扁鹊又见到蔡桓公，说：'您的病转移到肌肉中了，现在不治会更加严重。'桓公不答话，显得很不高兴。又过了十天，扁鹊再次见到蔡桓公，这次他说：'您的病转移到肠胃中了，不治会进一步恶化。'桓公还是不理他，并且闷闷不乐。又过了十天，扁鹊一见到蔡桓公，回头便走。蔡桓公派人叫住他，问他为什么。扁鹊回答:'病在皮肤之上,以药物烫贴就能治好;在肌肉之中,针灸即可达到目的;在肠胃,有汤药即可奏效。现在已经转移到骨髓了,我当医生的已经无能为力了。'五天之后,桓公感到身体不舒服,派人去找扁鹊,扁鹊已逃到秦国。不久,蔡桓公便一命呜呼了。"

韩非子由此得出结论:高明的医生救治病人,要在病灶刚刚出现在皮肤上时施针用药,这叫"争于微小";同样,人事的祸福成败,都有其初生乍萌之机,只有智慧的人能够徼福于事先,防患于未然。

把这种渐变观应用于政治思想,韩非子提出了两个重要的原则:其一是严君臣之大防。他告诫说,冰冻三尺非一日之寒,为政者尤其是君主应懂得防微杜渐的道理。墙上出现了裂痕缝隙,主人发现了不放在心上,如果碰上狂风暴雨,那么这堵墙一定会倒塌。历史上遭篡弑之祸的君主不计其数,他们破家亡国,大都是由于平素轻忽所致。君臣之别应如天地相分,其仪礼名分来不得半点马虎。臣下对君主的侵凌都是逐渐形成的,君主应断然划清与臣下的界限,保持自己的威严和君主权位的神圣性,以免在无形之中被大臣所凌越。

其二是"禁于未萌"。他把人心的安定与否看作国家治乱的根本,认为刑法的关键之务是禁制人心,法治的理想的效果是"使人不敢犯法"。他说："治民者禁奸于未萌。"（《心度》）"禁于未萌"就是禁于"心"，即通过"法"的严厉威慑消除人们贪图侥幸的心理，使人们刚刚有了犯罪的想法就赶紧改变念头。他认为，要防止人们犯罪，也应当从小事抓起。法治的一个基本原则就是轻罪重罚，轻罪重罚就没有人敢犯大罪了。拿严厉的刑罚处置人们易犯的过错，会使有德的君子和没有德行的小人都能够端正自己的行为。贪婪的盗贼不敢到深沟险壑中去拾取金子，因为如果到那种地方去拾取金子，生命不能保全。像孟贲、夏育这样的大力士如果滥用武力，就要受到制裁；盗贼偷窃不属于自己的东西，就要受到惩罚，这样人们才不会有苟且侥幸之心。所以，英明的君主严刑峻法，使强悍莽撞之人保持谨慎，诱导邪恶之人回归正途。如果勇猛的人谨慎了，大盗都金盆洗手了，官员都廉洁正派了，平民的思想也就端正了，那么社会就会太平了。

矛 盾 说

韩非子把世界看作一个相互联系的整体，认为所有事物都处在广泛而普遍的联系之中，这些联系表现为不同的形态：有的相生，有的相成，有的相克，有的相胜，有的相互依存，有的势不两立。

韩非子所处的时代，是一个各种势力进行殊死斗争的时代。不是东风压倒西风，就是西风压倒东风。这种严峻的现实，使他格外强调事物之间冲突和斗争的一面。为此，他提出了著名的矛盾说：楚国有个人在集市上出卖他的矛和盾。他先把盾举起来，夸耀说：大家快来看哪，我的盾坚固无比，什么武器也刺不透。接着，他又把矛举起来，说：你们再来看看我的矛，它锋利无比，没有什么东西它刺不破。于是旁边有人说：如果用你的矛，刺你的盾，那会怎么样呢？那人一脸尴尬，无话可说了。韩非子指出，什么也穿不透的盾和没什么穿不透的矛是不能同时存在的，正如寒暑不会同时到来，冰炭不会同炉共存一样。这本是极平常的道理，但人们有时偏偏不顾常理，坚持陋识、谬论、荒唐之言，明明自相矛盾，却振振有词。例如，儒家将尧称为明君，将舜奉为圣主，认为尧、舜之时为千载难逢的太平盛世。然而，他们又说：历山之下的农民因为田界发生纠纷，舜亲自前往，同他们一起耕种，一年以后，田界确定了，争论也平息了；黄河岸边的渔民争夺钓鱼的有利地点，舜亲自前往，同他们一起垂钓，一年以后，出现了互相谦让的好风气；东夷人制造陶器的技术不过关，舜亲自前往，指导他们提高技术，一年以后，造的陶器便美观耐用了。舜不辞劳苦，为民众谋利益，可真是少有的仁君啊！他以身作则，老百姓都高兴地服从他、效法他，这就是圣人的教化作用啊！

他们这样说，岂不是打自己的嘴巴子？这时候尧在哪里？尧不是天子吗？像尧这样圣明的君主统治天下，哪里还有什么奸邪？没有奸邪，舜还教化什么？如果说是舜靠自己的贤德感化了百姓，那尧还能算圣明的君主吗？称扬尧的圣明就必须否定舜的贤德，肯定舜的贤德就不能称扬尧的圣明，两者是不能并存的。儒家的说教都是这样：听起来美妙无比，仔细推敲一下却破绽百出。

"故不相容之事，不两立也。"（《五蠹》）联系到当时的实际，韩非子进一步指出：在现实政治中，自相矛盾的荒唐现象也比比皆是。例如，法令规定杀敌攻城者受赏，但当政者却崇尚兼爱仁慈的行为；按理农民和战士是富国强兵的根本，应当特别加以关心和照顾，但当政者却厚养那些华而不实、善于言辞的文士，或带剑横行、酬恩抱怨的游侠之徒。这就造成了人们思想行为的极大混乱。楚国有个人，他的父亲偷窃了别人的东西，他到官府告发了父亲，却被官府以不孝而加以惩罚。鲁国有个人，每次打仗都从战场上逃跑，问他为什么，他说家有老父，如果他战死就没有人奉养，执政者大加称赞他的孝心，不再追究他临阵脱逃的罪过。对国君尽忠就难以对父母尽孝，统治者却要两全其美，岂不如同脚踏两只船一样荒唐可笑？像这样有法不循，有令不守，自己挖自己的墙脚，国家何时才能富裕强盛？韩非子还举了延陵卓子驾车的例子来说明这个道理：延陵卓子的坐车饰有苍龙、彩雉之纹，华丽无比，然而他驾驭车马的方法却令人莫名其妙：马要往前走，他用勒衔加以禁制；马想向后倒，他用铁鞭加以驱策。驾车的马只好离开正道拐向一旁。驾车的高手造父正巧路过，看到这情景不禁流下了眼泪，痛心地说：当今民众的遭遇也是如此啊！国家设立奖赏，是为了劝勉民众从事耕战，然而耕战的事业却遭到轻蔑；君主制定刑罚，是为了禁制人们以私害公，但有悖公法的私行却得到赞赏。安分守法的老百姓因此站立在四衢之中不知道何去何从，这正是圣人所最为痛心疾首的！

韩非子也承认，势不两立只是一种特殊情况，事物之间的关系更多地表现为相互依存，即一方以另一方的存在为前提条件。当然，这样的关系既不是均衡的，也不是静止的，其中总有一方处于主导地位。如在君臣关系中，臣即从属于君主，但这种主次关系会随着条件的变化而变化。水能够灭火，但如果把水用铁锅盛起来，再放到火上，情况就不一样了；君本来是统制臣的，然而一旦大权旁落，就会反过来受制于臣。君主没有臣下的辅佐什么也干不成，然而他必须时刻提防臣下的侵凌。

韩非子还认识到，同一个事物也往往包括两个方面，有利也会有弊，有优点也会有缺点。因此，人们想问题做事情，就不能要求十全十美，万无一失。洗头时会掉头发，但不能因此而不洗头；吃草药味道不好受，但不吃药病就治不好。同样，推行法治肯定会遇到种种困难，重重阻力，甚至会造成大臣的反叛，社会的动荡。然而，不厉行法治，国家就永无富强之日。因此，高明的政治家应当善于权衡利弊，无论什么法令制度，只要能获得长远利益，就应当坚定不移地推行，一时得失是无足轻重的。

知 行 论

关于人类认识和实践的能力，韩非子认为，既然天地万物都有其产生和变化的根本原因，都有其独特的属性，它们的变化都呈现一定的规律和趋势，那么，它们就不仅是能为人类所认识的，而且能为人的实践活动所改造。

韩非子充分肯定了人类认识和改造世界的能力，尽管他没有像他老师荀子那样，响亮而豪迈地提出"制天命而用之"的伟大口号。他认为，经过认真的观察和思考，掌握了事物的自然之理和发展规律，并据此行事，就能随心所欲地驾驭客观事物，无往而不胜。因而，对于那种放弃主观努力、依赖神明的迷信思想，韩非子给予无情的讥笑。

我们知道，当时社会上流行着卜龟、算筮、占星等术数，许多国君以此来决定国家大事。韩非子嘲弄说：当年燕赵相攻，双方占卜的征兆都是"大吉"，结果赵胜而燕败；赵又攻秦，还是"兆曰大吉"，结果一败涂地。魏国东攻齐，打了胜仗；西攻秦，输给对手。这难道是攻秦时吉星在西，而攻赵时凶星在东吗？不是！决定胜败的，是势力和智谋，而不是除此之外的其他什么神秘的力量。

韩非子还分析了迷信的思想根源。他说，人生病时会看重医生，面临灾患就会想到鬼神。每个人都希望处处逢凶化吉，都希望得到神明的特别关怀和照顾，因而容易陷入想入非非的泥潭里。这不仅是一种自私，也是一种愚昧和怯懦。那些能够认识事物本相、知道应当如何做的人，才会成为一往无前的勇者。

关于认识主体的态度。在这方面，韩非子深受道家思想的影响。他指出，人们认识世界靠的是耳、目、口、鼻、心（实际是脑）等感觉和思考器官。耳、目、口、鼻感受到印象，传达给心，经过心的思考形成对事物的概念性认识。因此，要保证对事物的认识不被歪曲，必须保持虚静，使这些器官不受干扰。耳、目、口、鼻好比门窗，堵塞了，阳光便照不进去；心如一池清水，波光动荡就无法照出清晰的形象。

倘若滥用感官，过度费心劳神，就会失去认识和判断能力。用耳过度，耳会变聋；用眼过度，视力会衰退；用心思过度，则会变得癫狂暗昧。那样，即使祸福之兆像丘山一样显眼，也难以看得出来。

关于认识的途径和方法，韩非子举例说，孔子有七十二个著名的弟子，他们都是当时的才能之士，各有千秋。弟子中有一个叫宰予的，能言善辩，孔子一开始很器重他；还有一个叫澹台灭明的，长得很丑，孔子曾认为他不会有很大出息。后来，澹台灭明刻苦自励，在学业上独辟蹊径，成为一代宗师，身边有弟子数百人，名重诸侯。而宰予却终究没有取得多大成就。因而孔子感叹："吾以言取人，失之宰予；以貌取人，失之子羽（澹台灭明的字）。"

对此，韩非子评论说，要了解一个人是否有真本事，怎么能仅仅依仗听取他的言辞、观察他的形貌呢？给他一定的官职，然后去考察他的成绩，那么他到底是愚是智，不用说孔子这样的圣人，就是一般人，也会明白无疑的。

在韩非子看来，只有在实践中才能获得真知，也只有实践才是检验认识的唯一标准，无论对什么事物，不经过实际的观察验证不能妄下结论。与当时学术界那种虚浮不实的风气针锋相对，韩非子提出了他称为"参验"（参考、验证）的知识观。他坚决反对任何形式的主观臆断，主张在实践过程中根据实际功效去认识事物。他说：在铸剑时，仅仅观察一下炉里熔液的颜色，即使高手区冶也难以判断剑的好坏；拿剑去试一试，到江湖中击杀鸿雁，到原野中击杀狗马，谁都会弄明白是钝是利。仅是看看形貌，即使伯乐也不敢断然肯定一匹马的好坏；驾上大车试一试，答案便出来了。

韩非子用参验的方法去认识事物，去批判其他各派的思想，建立自己的政治思想体系。在《显学》一文中，他写道：孔子、墨子都称道尧舜，但称道的内容却不相同，而又都认为自己的尧舜是真尧舜。尧舜不能复活，靠谁来判断儒墨两家的真假呢？……现在有些人宣扬出现于三千年之前的尧舜之道，凭什么肯定自己的观点是正确的？不经过参验就深信不疑，是愚昧的表现；没有深信不疑就引以为根据，那就是一种欺骗行为。因此，以所谓的先王之道作为行事的根据，对尧舜之道深信不疑，如果不是愚昧无知，那就是一种有意的蒙骗了。

韩非子注重参验的认识论，以是否有用作为事物的价值标准，充分体现了那个时代的精神特征。这是建立他的思想大厦的基石之一。

第6章

古今之变的探求

　　了解过去才能理解现在，因为历史是现实的镜子。只有通过对历史的反省，才能把握人类生存的真实状况，才能为现实生活提供有益的指导。为了寻求济世救国的宏规大法，韩非子只身孤影，深深地走进了历史的旷野。从儒家颂扬的三王时代、尧舜之治的太平盛世，到诸侯纷争的春秋时期，漫步在先人的遗迹和废墟之间，他默默地思考着，思考着历代治乱成败的原因、经验和教训，思考着人类社会的本质、规律和命运。到底有没有永恒不变的真理？有没有四海皆准的法则？如果有，它们是什么？如果没有，人类用什么指导自己的生活？根据什么建立维系社会的秩序？

　　经过认真地思考，韩非子得出了结论：没有什么千古不变的社会秩序和统治法则，每个时代都有自己的特殊情况，时移世异。因此，国家的法令制度应当因时因地因事而定，不能盲目地因袭和效法过去。

时移世异

韩非子认为人类历史是不断发展变化的，像一条大河滚滚向前，不断出现新的情况、新的问题。今天不同于昨日，如同今天的流水不再是昨日的流水。时移则事变，事变则世异。

韩非子把历史分为上古、中古、近古三个阶段。他说，上古时代，人口稀少而野兽众多，民众时刻处在野兽的威胁之下，于是出现了一个圣人，教导人们在树上构筑居处，民众感激他，拥戴他为王，称之为有巢氏。当时人们吃的是瓜果蚌蛤等生东西，会伤害腹胃，于是又出现了一个聪明人，教大家钻木取火来烤煮食物，民众感激他，拥戴他为王，称之为燧人氏。中古时期，天下洪水泛滥，鲧和大禹挺身而起，率领民众疏通河道，导流入海。近古时期，先后有夏桀、商纣暴虐无道，于是商汤王、周武王起兵讨伐，除旧布新，成为明君圣主而永垂不朽。社会在不断发展，人类的智慧和技能也在不断提高，到现在如果还有人构木为巢，钻木取火，岂不叫人笑掉大牙！同样，如果还有人如痴如癫，絮絮叨叨地赞美所谓尧、舜、禹、汤、文、武之道，肯定会被当今圣人所嘲笑的。韩非子就是这样嘲讽那种盲目因袭和效法先王的思潮。

不能说韩非子对历史阶段的划分是科学的，然而它令人信服地说明了一个真理：现在已不同于过去，过去的一切已不适应于现在；现在有现在的事业，有现在的圣人。

韩非子从经济角度考察了社会发展变化的原因。他认为，由于人口的增长，造成了社会财富的相对减少。人们为满足自己的欲望，自然要钩心斗角，竞争抢夺，从而导致社会矛盾的激化，社会制度的变革。他说：古代地广人稀，男人不用耕种，地上生产的木果草实就足够享用；女人不用纺织，野兽的皮毛用作衣服就绰绰有余。民众都悠闲自在，不争不夺。现在情况不同了，人口在迅猛增加，土地和财富的增长却十分缓慢，一般民众尽力劳作仍难以养家糊口，因而竞争抢夺的现象便在所难免了。试想，如果一个人生五个儿子，每个儿子又各生五个儿子，不就意味着原先一个人的家产，要由二十五个人来分享吗？每个人都难以满足，都想多得到点，怎能不发生矛盾和冲突？

韩非子把人心的堕落、社会风气的败坏看作必然的历史现象，认为古代人的仁义、当代人的自私在本质上相同，都是人性的表现，并没有价值上的高下之分，仁义也好，自私也罢，都是由当时的物质生活状况决定的。他说，居住在山顶，吃水困难的村庄，逢年过节人们往往以水作为赠送的礼物；而住在沼泽洼地的居民，却往往花钱雇人掘沟泄水。人在饥不择食时，小弟弟在身边都不会让点儿给他；而在大获丰收的年头，即使对陌生的过路人也会供给饮食。这不是不亲爱弟弟而喜欢过路人，而是因为食物的多少不一样啊。古人不把财物放在心上，不是因为天性善良，而是由于财物很多，享用不了；现在人相互竞争，不是因为天性可耻，而是不得不如此啊！

韩非子从物质生产的角度来考察社会历史的发展，这是一条可贵的思路。然而，由于不懂得阶级分析的方法，他只是简单地把决定社会性质的因素归结于物质产品的数量，因而使自己的观点陷入自相矛盾之中。前面我们已提到他把社会矛盾的激化看作人口增长、财富减少的结果。然而，在涉及上古人以让贤为高、当代人却贪恋禄位的现象时，他又说：当尧统治天下时，住的是茅屋，吃的是粗米，穿的也不过是兽皮葛布，连现在为官府看守大门的人都比不上；大禹率领民众治水时，以身作则，常年风餐露宿，腿上的汗毛都磨光了，即使现在的奴隶也不会如此劳苦。由此可知，尧、舜、禹相互推让天子之位，只是意味着推让难以忍受的辛劳困苦罢了，有什么可赞美的？现在即使一个小小的县令也富贵凌人，不可一世，死后其子孙依然能高车大马，趾高气扬，因而没有哪个县令愿意让位于他人。所以说，古人相让不能算高尚，今人相争也无可厚非，让与不让，只是由于利益的多寡不同罢了。

事实上，最终决定一个社会性质的，是财富的分配和占有状况，而不是数量的多寡。这才是一切纷争和冲突的根源。所以孔子说："不患寡而患不均。"从这方面看来，孔子思想比韩非子更加深刻。

因 时 制 宜

从变化的历史观出发，很自然地要得出变法的结论。韩非子指出，古今情况不同，政治统治的方式和手段就不应一样。国家的方针政策应当完全服从现实的需要。既有的法律制度应根据情况的变化随时加以调整和修正。圣明的君主不效法古代的标准，也不追求永恒的尺度，他只是根据眼前的现实，制定相应的措施。时代变了，法度却不更改，势必会导致混乱；情况不同了，律令却不改进，国家就不可能焕发生机。

在当时的学术界，儒家声势很大。他们认为，尧、舜、禹等先王统治时期，是人类历史上的黄金时代。那时候，人们都安分守己，相亲相爱，世界和谐而安宁，正义的光辉像太阳一样照耀着一切，大地上没有血污、没有泪水，也没有仇恨和纷争。后来奸邪得势，出现了"礼崩乐坏"的局面，人类便一天一天堕落了，沉沦了。因此，执政者的当务之急，就是效法先王，推行仁政，重建败坏的秩序，返回失去的家园。他们声称：先王之道是天经地义的，先王制定的礼乐制度是永恒的法典，倘若不法古、不循礼，随心所欲地改弦更张，必然一事无成而且祸国殃民。

对于这种不知变通的陈词滥调，韩非子以尖锐辛辣的笔触，痛快淋漓地进行了驳斥。他说：当年商汤王、周武王统一天下，他们效法的又是谁呢？夏桀、商纣身亡国灭，难道是因为改变了旧制？夏、商、周三代制度不同，却都称王天下；春秋五霸方式各异，却都曾号令诸侯。哪里有什么万古不易的法则？哪里有什么一成不变的制度？先王的制度是适应当时的需要产生的，一味效法先王，岂不等于今人穿上古人的服装，荒唐透顶？

韩非子用寓言故事论证他的观点：从前宋国有个人在田中耕作，有一只野兔受惊了，没命地逃窜，一头撞在田边的树桩上，把脖子撞断，当场毙命。那人喜出望外，提着死兔美滋滋地回家享受去了。此后每天吃罢早饭，他就到那树桩处等着，希望还有别的兔子跑来撞死。然而，直到把田地等荒了，他也没有再交好运，反倒落了个人人笑骂的下场。这就是"守株待兔"的故事。试想，那些一心一意用先王的制度治理当今民众的人，与这个愚蠢的宋国人相比，不是一路货色吗？

接着，韩非子进一步评论道：那些夸夸其谈的儒生辩士，只会白日做梦，而不知道睁开眼睛看一看天下大势和苍生的疾苦。其实他们只是迷信先王而已，对先王之道也未必能真正领会。他讲了一个郑人买履的故事，一针见血地讽刺了那些因循守旧者的暗昧和迂腐。他说，郑国有个人，要到集市上去买一双鞋子，他先在家里用尺子量好脚的长度，在尺子上做了记号就放到一边去了。在集市上，他好不容易挑选了一双差不多的鞋，却突然大叫起来：坏了，我把量好的尺码忘在家里了！赶紧就往回跑。等他气喘吁吁地再回到集市，集市已散了，鞋子当然没买到。别人问他：你为什么不穿在脚上试试呢？他回答说：我只相信尺子，不相信我的脚。——试想，那些张口三皇五帝、闭口仁义道德的家伙，不也是只相信三皇之道，不相信自己的眼睛吗？

为了捍卫自己改革与变法的主张，彻底批判儒家的法古理论，韩非子考察了先王之道的历史实际，也分析了先王之道被神化的原因和过程，并且真实地刻画了儒生们泥古不化的丑态，从而让儒家圣教的神圣光芒蒙上尘埃。他写道：

先王之世距现在已十分遥远，他们的事迹早就淹没在岁月的深处，幽渺难稽了。有关他们的传说，不过是后人穿凿附会而已。现在有些人谈起先王就头头是道，看起来很有道理，无懈可击，但天知道那是否符合先王的原意。楚国有个人，晚上给他的老朋友燕国的相国写信，因为屋里光线太暗，就对仆人说："举烛!"结果笔下失误，把举烛二字也写到信里了。他的朋友读了信很高兴，说：举烛，就是崇尚光明的意思，崇尚光明，就意味着选贤任能。于是把这个意思告诉了燕王。燕王接受了他的建议，推行改革，大力提拔任用有才能之士，国内一时出现了安定繁荣的大好局面，然而这可不是写信人的本意啊。先王有些话，在当时并没有什么深意，让经学家们一番吹捧，便成为了不起的真理了。

更让人嗤之以鼻的是，许多嘴尖皮厚的家伙，根本就谈不上真才实学，却故弄玄虚，借先王之名抬高自己的身价。他们凭空杜撰许多冠冕堂皇的言论主张，托名先王，以此来迷惑世人，沽名钓誉。

春秋时期，有一个叫赵主父（赵武灵王）的人，派人用云梯爬上常山的最高峰，在上面的石板上刻了许多大脚印，然后在旁边刻下一行字：赵主父经常到此处游赏。后来的秦昭王也照此行事，派人爬上华山之顶，在上面刻下一个巨大的棋盘，然后刻上：秦昭王曾经在这里与神仙下棋。现在的一些儒生们也像赵主父、秦昭王一样，搞的是一些神乎其神的糊弄人的把戏，内容不一样，方式和目的却差不多。

也有一些人一副死脑筋，像榆木疙瘩一样不开窍，只知在先王背后亦步亦趋，丑态百出。鲁国有个年轻人陪长辈饮酒，一举一动都模仿长辈，长辈喝醉了，吐了一地，他也跟着大吐特吐起来；宋国有个读书人，见书上有"绅之束之"一句，就用长长的带子把自己捆绑起来，别人问他是什么缘故，他说，书上就这么说的，所以我这么做。那些一定要以先王之道衡量当今事物的古董先生们，岂不一样荒唐可笑？

郑县有个叫卜子的，他的妻子要为他做一条裤子，问他做成什么样子，他说：跟原来那一条一样就行。妻子做好裤子后，又连搓带磨把新裤子弄得跟旧裤子一样破烂，卜子接到裤子后啼笑皆非。如果盲目法古，不惜歪曲眼前的现实去适应往昔的教条，那跟卜子的妻子做"新裤"有什么两样？一旦让这种人执政当权，肯定贻害无穷。燕国的国王哙仰慕古代的尧、舜相互禅让的美德，把王位传给了宰相子之，结果导致一场大乱。太子起兵进攻子之，双方死伤数万人，齐国乘机进攻，燕国一败涂地。燕王哙非但没有得到让贤的美名，反而落了个身败名裂的下场，遭到天下人的嘲笑。春秋时期，徐偃王效法周文王推行仁政，深受本国百姓和周围小国的拥戴。然而，他却没有考虑到，强大的邻国——楚国不喜欢他这样做，楚国担心徐国的势力壮大对自己不利，便出兵把徐国灭了。当年周文王推行仁政取得天下，徐偃王推行仁政却毁灭了国家，因为他们面临的情势不同啊！不根据实际情况制定相应的策略，只跟在古人后面学步，要有好结果那才怪呢！因而，韩非子总结说："夫不变古者，袭乱之迹；适民心者，恣奸之行也。民愚而不知乱，上懦而不能更，是治之失也。"（《备内》）在目前这种人与人之间以利相待、国与国之间以力相攻的形势下，再一味实行迂阔无益的先王之道、仁义之政，那就离家破国亡不远了。

儒家把仁义说得美妙无比，仿佛那是神明的启示，人性的光辉。究其实，古代人讲求仁义，不过是一种自然而然的作为罢了，就像公鸡打鸣、母鸡下蛋，根本算不上什么美德。

还有，古代人心地纯朴，以仁义教化他们，他们乐于听从；后来人们逐渐变得聪明了，开始以智谋相角逐；现在是风尘沸扬的相争之世，人们六亲不认，钩心斗角，以勇力相倾轧。这时，再像过去那样，以宽缓的仁义之道去治理民众，就像没有鞭子和缰绳，却要驾驭烈马一样，是绝对不可能的。这时，即使仁政是最美好的政治理想，也要看情况是否适宜。在虞舜和大禹时期，苗人不服管辖，大禹要起兵征讨。舜坚决不同意，他说：不修德教，却大动干戈，这不是正当的办法。于是大力推行仁政进行教化。三年之后，让战士手执武器，在苗人面前随乐起舞，苗人为虞舜的仁德所感化，便心悦诚服地归顺了。现在两军对阵，血肉相搏，怕的是刀剑不锋利、盾牌不坚实，而不是德义是否能服人。如果现在再让战士列队起舞，那岂不是滑天下之大稽吗？时代不同了，情况发生了变化，治国的方针政策也不会一样，旧有的制度应随着情况的变化加以改革。房子陈旧了，就应当进行修理；社会腐败了，就必须加以整顿。该变法的时候依然因循守旧，就像患了重病却不愿请医生治疗，只能坐以待毙。试想，当年伊尹（商汤王的相，助商汤灭夏朝）如果不佐助商汤变法，太公（姜太公，字子牙，助周文王、周武王建立周朝）如果不佐助文王革新，商汤和周武王还能称雄天下吗？齐国没有管仲（齐桓公时任相）的变法，晋国没有郭偃（晋文公时大夫）的改制，齐桓、晋文还能称霸诸侯吗？

韩非子的结论是："法与时转则治，治与世宜则有功。"（《心度》）不过要强调的是，他反对泥古，主张变法，但并没有把变法本身看作目的。他认为，变法只是实现富国强兵的手段，因而不能为变法而变法。变与不变，应当根据实际情况而定。

综上所述，韩非子深入历史的深处上下求索，总结了历史发展的规律，列举了大量例证来说明变法革新的必要性，并以此为依据，坚定不移地打起了变法的大旗。他没有像儒家那样，以一种伤感的情调追念遗迹，在前哲先贤的残山剩水里流连忘返。他立足于现在，面向未来，历史只是他批判和借鉴的对象。他的思想充满了对现实的战斗激情，深刻地影响了以后各个朝代那些政绩卓著的改革家们，具有不朽的借鉴和教育意义。人类历史就是在对过去的否定中前进的，不能开创新路，必然就会沉沦。

第 7 章

人性的洞察者

相传在虞舜时代，大地上洪水泛滥，民不聊生。舜命令一个叫鲧的大臣率众治水。鲧采取了筑坝堵塞的办法，谁知坝筑得越高，水涨得越大，鲧束手无策，被舜杀了。他的儿子禹继承了他的事业。禹采取的是疏导的办法，挖掘沟渠，疏通河道，把洪水导向大海。经过十年努力，终于制服了水灾。禹所以能成功，是因为他是按照水的本性行事，水往低处流，疏挖河道加以引导，水就会听从调遣。同样，广大民众也是奔流的洪水，要使他们按照国君的意志行事，也必须根据他们的性情加以引导。因此，几乎所有政治思想家都不能不把人性纳入他们思考的范围。

人性论是韩非子思想理论的基石，他的所有政治观点都是据此立论的。他作为韩国的宗室成员，处在社会的上层，各种矛盾的中心，有机会了解社会内幕，熟悉人与人之间尔虞我诈、弱肉强食的种种情景，对于人性的卑劣和残忍，有比平常人更深刻的认识和理解。他在著作里，以大量观察来的材料为例证，阐释了他对人性的独到见解。

人性趋利避害

在韩非子看来，人只是一种很普通的动物，他不能像雄狮猛虎一样任意捕食，也不能像蚂蚁蚯蚓一样无忧无虑；他没有羽毛可以御寒，没有利齿可以防身，只有依靠艰苦不懈的奋斗才能维持生存。为了活命，必须有饭吃；为了御寒，必须有衣穿。这种种欲望都是与生俱来的，必须想方设法才能得到满足。欲望的满足是人生的根本目的，对利益的追求是生存斗争的主要内容。

对人的趋利本性，韩非子毫不掩饰地作了描述。他说，人生在世，除了利欲之外，还有什么可追求的？天下熙熙，皆为利来；天下攘攘，皆为利往。人们栉风沐雨，费心劳形，不都是为了满足口腹之欲？试想，在青天白日之下，万丈红尘之中，有多少人因为贪心不足而迷途不返，多少人因为侥幸取利而血染黄沙？大家都知道唇亡齿寒的典故吧？当年晋献公要借道虞国去征讨虢国，用价值连城的宝璧和骏马收买虞国的国君。虞君欣然同意，他的大臣宫之奇极力劝谏：虞和虢是相互依存的，如果虢早晨灭亡了，那虞晚上就会陷入同样的命运；就像没有了嘴唇，牙齿就受寒一样。虞君贪利忘危，拒不采纳宫之奇的谏言。晋军灭掉虢国后，回师虞国，赖在那里不走。三年以后，找了个借口，轻而易举就把虞国灭了。宝璧和骏马重新回到晋献公手中。献公高兴地说：璧还是原来的璧，马却见老了。虞君利令智昏，引狼入室，留下千古笑柄。在历史和现实中，这样的例子实在太多了。

在利益面前，有几个人能真正无动于衷？人们的聪明才智、气力技能，还不是主要用于利益的争夺？在利益面前，蠢笨的人也会变得聪明，怯懦的人也会勇敢起来。鳝（**像鲟一类的鱼**），长得似蛇；蚕，形状若毛虫。人们见了蛇会大惊失色；见了毛虫会头皮发麻。然而女人经常跟蚕打交道，渔民往往把鳝鱼握在手中，这不是利益使人忘掉了恐惧吗？上山打虎，入海擒鲨，这都是极危险的事情，为什么还有人干？不就是因为有厚利可图吗？古往今来，一切阴谋、伎俩、纷争和杀戮，不都是源于利益的冲突？当年商汤伐夏桀，尸横遍野；周武讨商纣，血流满地；而当前诸侯相残，列国纷争，芸芸众生如草芥般被践来踏去。这一切英雄豪杰们的丰功伟绩，无论是假仁假义的诛残伐暴，还是无遮无拦的侵弱凌小，说穿了，还不全是利益的争夺？凡利益所在，就有污垢、泪水和血腥，就有哀叹、呻吟和欢笑。

然而，有利的地方就有危险，雪莲珍奇无比，却生长在万丈高山；明珠价值连城，却孕育在千寻海底。只有极少数鬼迷心窍的人，才会见利忘命，一般人总是计较利害而行事的；利大于害，就干；害大于利，则不干。再贪婪的人，也不会跳进万丈深渊，去拾取里边的珠宝。走在路上碰到一块小小的布帛，一般人都会捡起来；集市上有黄金千镒，即使惯偷巨盗也不会明目张胆地拿走。

既然民众都是趋利避害的，国家制定法律制度就应当顺应这种本性。统治者应当恩威共施，赏罚并重：用民众所喜欢的加以诱导，用民众所恐惧的加以威慑。就像牧羊一样：把羊群赶到有水草的地方，后面再用鞭子抽着，羊群便会乖乖地听从摆布了。

人生自私自为

在韩非子看来，天下人的本性是一致的，谁都希望吃得比别人好，穿得比别人漂亮，住得比别人舒服。每个人都以自己为中心去思考和处理问题，处处为自己着想，时时为自己打算。所谓仁爱惠慈不过是有闲者的谎言和虚饰罢了。他写道：

苍天之下，大地之上，谁不处处为自己考虑？要讲亲情，那父母与子女之间的感情可是人间最深厚、最经得起考验的。然而，当儿子还小的时候，如果父母照顾不周，儿子长大了就会怨恨父母；儿子长大成人了，如果对父母奉养不好，父母就会加以责备。父母与子女同样是抱怨对方对自己照顾得不好啊！地主雇人来播种耕耘，不仅支付工钱，还经常以自己都舍不得吃的饭菜招待，难道是因为他们特别仁慈、关爱穷人？当然不是！因为招待得令雇工们满意了，他们做起活来才用心用力。同样，雇工们不惜力气、使尽技巧为主人耕作，还不是为了吃到的饭菜更丰盛、得到的工钱丰厚。就拿夫妻关系来说吧：都说一日夫妻百日恩，可是有多少夫妻能一心一意？卫国一对夫妻在一起祷告，妻子说：愿神灵保佑我们平安无事，使我们得到一百束钱币。丈夫吃惊地问：你要求的怎么这么少？妻子回答说：钱多了，你会用来买妾的。看，夫妻即使在关系好的时候，不也各有自己的打算吗？

制造马车的人希望人人都富贵起来，那样他的生意就兴隆了；经营棺材的希望多死几个人，那样他可以大发其财。这并不意味着前者心地善良，后者就狼心狗肺，他们都只不过是为自己考虑罢了。有的地方，人们生了男孩就相互祝贺，生了女孩就悄悄杀死，同样是父精母血，同样是十月怀胎，结局却如此不同，为什么？还不是父母为自己的利益打算。同样，当医生的不怕脏、不怕累，无微不至地照顾病人，难道是因为他们品德高尚？不，是因为治好了病人可以获取厚利。王良爱马，越王勾践爱人，爱马是因为马可以效力，爱人是因为人可以卖命。

所以，为人处世，如果时常考虑满足对方的利欲之心，则世仇宿敌也可能和好；倘若只是考虑如何损人利己，即便血亲父子也会离心离德、相互怨恨。这样的道理放之四海而皆准。吴起在魏国为将时，一次率兵攻打中山国。有一个士兵长了一个脓疮，吴起亲自跪下来为他吸出疮中的脓液。那个士兵的母亲听到后，伤心地哭了起来。别人都不理解，说：吴起是一个权位显赫的将军，你儿子不过是一个普通的战士罢了，将军亲自为你儿子吮吸脓疮，这是多么大的恩德！你为什么还伤心流泪？真是不识抬举。那位士兵的母亲回答：从前孩子的父亲生了脓疮，吴将军亲自为他吮吸，孩子的父亲感激不尽，在战场上拼命冲杀，以此来报答将军，结果一战丧命。现在将军又为孩子吮吸脓疮，恐怕我的孩子像他父亲一样，再也回不来了。

吴起亲自为战士吮吸脓疮，难道是因为爱战士？他只是以此来收买人心，使战士为他拼死效力罢了。儒家主张仁爱，很能蛊惑人心，但于世情人心则不着边际。有权势的人有时候也讲点仁义道德、天意民心，那不过是他们谋取私利的借口和幌子罢了。想当年晋文公要讨伐宋国，先宣传说：宋国国君昏庸无道，污蔑国内长老，分配财物不公，教令如同儿戏，我来为民除害。而越王伐吴时也这样标榜：吴王穷奢极欲，耗费钱财，耽误农时，老百姓已经无法忍受了，我来为民除害。他们的旗号都高尚无比，实际意图却不可告人。

在韩非子看来，人与人之间的关系只是一种相互计算的利害关系而已。富贵荣华，总是伴随着不仁不义。有了富贵，就会产生血腥争夺。因此，不论是在历史上，还是在当代政治中，弑君杀主的情况层出不穷，不仅臣下会时刻图谋不轨，就是君主的妻妾子女，利害关头也会忘恩负义，有时候他们会眼巴巴地盼着君主死掉。为什么这么说呢？君主和妻妾只是偶然凑合到一起的，本来就没有血肉相连的亲情。对于妻妾，君主喜欢了就会亲近，不喜欢就会疏远。有这样一句话：如果母亲获得君主的欢心，孩子也会被父君宠爱。反过来说也一样，如果母亲遭到厌弃，孩子也会被父君疏远。一个男人过了五十岁，往往依然好色不衰；但女人一旦年过三十，便人老珠黄了。因此，君主总是喜新厌旧；而君主的妻妾们总是担心一旦红褪香残，就会被君主遗弃，自己的儿子也因此被疏远不能继承王位。所以会希望君主早点死掉，君主死了，儿子继位为王，母亲升为太后，富贵荣华不减从前。因而，君主被近亲以毒药、绳索等残害的情况不断出现。《桃兀春秋》中有这样一句话：君主真正病死的连一半也占不到。君主之位是最荣耀的，然而也充满了危险。

因此，君主应当明察善断，不论处理什么事情，都要弄清利害所在，不能被表面的现象所迷惑。一个人犯了精神病向东跑去，追他的人也向东跑，同样是向东跑，目的却决然不同。做同样的事情的人，往往也各怀鬼胎。君主统治臣下的原则，就是使他们不论动机如何，最终都乖乖地服从自己的意志。倘若作奸任邪，则无所隐瞒、无所逃避，必然受到无情的惩罚。

当然，韩非子并不认为，人与人之间就完全冷漠无情，他的看法是，恻隐之心也是有的，只是不能作为仁爱的根据。他举了一个有趣的例子：郑国有一个女人买了一只鳖，在回家的路上，看到那只鳖一副痛苦不堪的样子，就对它说：你是不是渴了？我把你放到河里喝点水，你可要再回来啊。然而那只鳖一到河里，就赶紧逃跑了。韩非子认为，人与人之间的怜悯和同情是有条件的，那就是不能妨碍自己的利益。

夸大人的本性中自私自利的一面，这倒算不上什么惊人之论。韩非子人性观中最引人注目之处，在于他充分肯定了这种自私的合理性，并把它看作君主实行政治统治的前提条件。儒生们哀叹社会如江河日下，人心不古，好像人间毫无希望了。而在韩非子看来，人性的自私自利，不正好有利于君主的统治吗？君主不就是靠手中的利禄笼络民众的吗？如果鱼不贪吃，怎么会咬饵上钩？倘若民众都无利欲之心，怎会听从君主的调遣。他说，像儒家艳称的许由、务光、卞随、伯夷、叔齐等人，都是那种见到好处不高兴、面临危难不害怕的所谓圣贤。他们中有的人即便把整个天下都给他，都不会动心；有的人哪怕受到一点劳累和屈辱，也会饿死不食人间烟火。见到好处不高兴，君主的赏赐再丰厚，也不能对他们有所激励；面临危难不害怕，国君的刑罚再严酷，也不能使他们甘心服从。这样的人是"不令之民"，上古的明君圣王都拿他们没办法，当今才能平庸的君主又怎能使用他们？

韩非子还讲了另一个故事，说明"不令之民"于国家社稷毫无价值，只可弃如敝屣：从前有个叫如耳的人，心高志远，才气纵横。有一次他向卫嗣公献策，卫嗣公读了他的文章后长长叹了一口气。身边的人问道：您为什么不用如耳做相呢？卫嗣公回答说：一匹马如果长得像鹿，就值千金之价；

然而有值千金的马却没有值千金的鹿，为什么？马能为人出力而鹿却不能啊！同卫嗣公一样，韩非子也认为，一个人不论多么有本领，如果不愿为国君出力，就是毫无价值的。他说，葫芦是用来盛东西的，但如果一只葫芦长得又大又硬，像个大石头蛋一样，无论什么地方都派不上用场，那跟没有有什么两样？因此，韩非子主张，对于那些以气节相标榜、不为利禄所动的清高之士，应当严厉打击，甚至从肉体上消灭，因为他们对社会有害无益。为了支持自己的观点，他不惜杜撰了一个"历史先例"：当年姜太公受封于齐，境内有个贤人叫狂矞，太公三次前往会见，都未被理睬，就下令把狂矞杀掉。当时周公旦正在鲁国，听说后赶紧乘良车快马前往劝阻，等他赶到齐国，狂矞已被杀掉多日了。周公旦责备太公说：狂矞可是天下闻名的贤人啊，为什么把他杀了？太公回答：狂矞宣称自己耕种而食，自己掘井而饮，不做天子之臣，不做诸侯之友，我怕他扰乱法度，迷惑人心，因此就把他除掉了。假如有一匹马，长得高大英武，然而一意跟你捣蛋，赶它，不向前迈步；拉它，反向后缩身，你拿它怎么办？周公旦无言以对。

以上就是韩非子关于人性的一些基本见解。可以看出，他并没有直接对人性的善和恶、好和坏作出评价，只是以自然主义的观点进行了评述。由人性的自私自利出发，他得出了实行法治的必要性。他说：民众在本性上是贪图安逸而厌恶劳苦的。人过得安逸了就会变得散漫无为而难以节制，社会就会陷于混乱，而一旦国君的赏刑政策不能贯彻于民众之间，国家就只能慢慢地衰败下去了。因此，想成就伟大的功业却提不出让臣民尽心尽力的有效措施，则所谓伟大的功业永无成就之期；要治平社会的混乱却不能变革旧俗、振奋民心，则乱局的治平永远没有成功之日。所以说治国理民没有一成不变的方法，只有依法治国这一点是不变的（参见《心度》）。

总之，韩非子的基本看法是，人都是自私自利的，这是永远也改变不了的，也没有必要改变。国家制定法令制度，应当以人性作为依据。法律根据人性的好恶趋舍，诱之以利，胁之以威，是实现社会安定、国家富强的不二之途。

韩非子以他无情的笔，展示了阶级社会中以利害为中心的人际关系的实质，大大加深了人们对个人行为和社会现象的认识。然而，他仅仅把人作为一种动物来认识，完全抹杀了人作为万物之灵的尊严；他把某个时期、某些阶层的个人的表现，看作万古不变的人性的本质，而没有有区别地去分析问题。这使他的观点走向极端，走向片面。

应当认识到，韩非子并不是一个灵魂昧暗、心情阴郁的悲观厌世者，也不是在有意地污蔑和诋毁人类。相反，他是一个渴望着济世救国的有志之士。由于种种主观和客观的原因，使他主张采取雷厉风行的激烈手段。他的人性论是为他的现实主张服务的。

人没有永恒不变的本性，人的本性只是历史性地表现出来；人类还只是一个进化中的存在，人类将不断地改进和完善自己。

第8章

耕战——救国的主张

富国强兵是韩非子一切思考的出发点和归宿。围绕着这个中心，根据现实情况，韩非子提出了自己的治世主张，这就是厉行耕战。

韩非子认为，农业和军队是国家的命脉所系。有了充裕的粮食，又有一支勇敢善战的军队，韩国才有能力与列强一决雌雄。这就要求每一个有能力的国民，都应当勤于耕种，勇于战斗。然而，播种耕耘劳苦无比，冲锋陷阵充满危险，这是谁都不愿意从事的。因此，国家应当制定严格的制度，采取有力的措施，推行耕战政策，使每个人都不得不耕战，而且乐于耕战。在他看来，韩国已经处在生死存亡的危急关头，只有采取强有力的手段，集中全国的人力物力，奋发图强，才有可能免于灭亡的命运。这就意味着，国家必须将人们的思想行为统一起来，使之转入切实有用的轨道，服从于共同的、现实的目标。这种统一当然应当归依于国君，因为国君是国家意志的化身，是公益的最终体现者。

上述认识，使韩非子必然地站到了主张君主独裁的绝对专制主义的立场上，在实践理论的时候，则采取了极端的功利主义态度。

绝对专制主义

韩非子将国家看作一只船，他说，如果每个人都向着自己的方向拉，船便寸步难移；如果大家朝一个方向用劲，那它就能顶风前进。君主的作用，就在于统一号令，使大家朝一个方向用劲。因此，在国家的治乱成败中，君主的角色是绝对举足轻重的。如果君主政策得当，明察善断，臣下就不敢作奸犯科，就能规规矩矩地为国家效力；倘若国君昏昧不明，臣下就会蒙上压下，为所欲为，像蛀虫一样危害国家的根本。因此他认为君权的巩固和完善，是国家富强的根本保证。

维护和强化国君的权力，是韩非子政治思想的一个主要内容。为此，他作了大量理论上的探讨和实践上的设计。

一、"一轨于法"。在韩非子看来，人生就是一场弱肉强食的较量，每个人都出于一己私利而与他人争夺，这是无法改变的人类本性。当政者所面临的根本问题，就是如何因势利导，使人们自私自利的行为一致朝着有利于国家的方向发展。为此，韩非子主张厉行法治，将人们的行为"一轨于法"，同时采用刑赏并用的两手，威逼加利诱，迫使人们按照法的规定行事。法体现了君主的意志。这就彻底剥夺了人们行动的自由，使每个人都变成君主控制的国家机器中的一个小零件。

"一轨于法"还是控制官吏的主要手段。韩非子认为，国家的富强与否，主要取决于吏治的好坏。因为各级官吏是政策的执行者，直接担负着治理民众的责任，他们在国家政治中的地位和作用相当于树的枝干、网的纲纽。君主高高在上，是不能也没必要亲理细务的，他通过控制大臣和官吏控制天下万民，这样才能做到以简驭繁，事半功倍。打两个比方：一个人若想晃动整棵树的叶子，不能用手一个一个叶子地去摆弄，只要用力拍打树干，所有的叶子都会动起来；同样，渔民用网捕鱼时拉的是渔网的网绳，如果逐一拉动成千上万的网眼，不仅累人而且还逮不到鱼。在发生火灾时，如果负责官员只顾抱着水罐奔赴火场，则凭区区一人之力是很难将大火扑灭的，倘若他拿着马鞭、驱策、指挥众人去救火，则扑灭大火就会容易得多。所以圣明的君主绝非事必躬亲，他致力于对官吏的管理而不是直接去管理民众。

那么，用什么去控制和管理官吏呢？韩非子强调，"法"是唯一切实有效的手段，因为"法"能为确定官员的职责、衡量官员的功效、规范官员的行为提供客观的标准和依据。关于法在管理官吏方面的作用，将在后面展开论述。

二、弱民愚民。为了便于控制，韩非子还公然鼓吹采取弱民和愚民的政策。弱民就是人为地削弱民众的势力，不使他们过于富强。他说：养鸟的人必须将鸟的翅膀剪短，否则它就会远走高飞；臣民如果过于富强，就会对国君的利禄无动于衷，对国君的权势不屑一顾，就不会乖乖地听从使唤了。因此，如果民众穷了，就应当稍稍使他们富裕一点；富了，就想法削弱他们的实力。民众如同被豢养的狗，饿极了它会狂蹦乱跳，吃多了它会无精打采；过于娇宠了则会不知天高地厚。君主必须善于掌握分寸，使民众永远处于贫富强弱的转化中，永远依赖君主的恩惠。只有当民众的贫富强弱都取决于国君时，国君才能随意操纵民众的命运。这种手段叫"内攻"。善于内攻又善于外攻，国家才能够在与列国的角逐中无往而不胜。

所谓愚民，就是采取文化专制主义政策，禁绝百家，剥夺民众学习文化知识的权利。如果民众要学习，必须以官吏为师，内容也限于国家的法令制度。他宣称，在明君圣主治理的国家里，将先王之教视如粪土，把书简图籍烧成灰烬，国民以法为教，以吏为师，因此人人安分守己，国家繁荣昌盛。民众没有知识，自然不会有独立的思想，那就像盲人一样，只能靠别人的引导行路了。整个国家用一个头脑思考，按一种方式行动，那还不好治理吗？

专制主义的根本特征，就是把人不当作人看待。在韩非子那里，人完全成了国君随意驱使的工具，成了有情欲而没有灵魂的行尸走肉，人类的尊严也就被剥夺得一干二净了。韩非子这套绝对专制主义的理论，在当时的社会条件下，固然有其合理的一面，但在本质上是违反人性的，在历史上留下了极为恶劣的影响。

三、抑制重臣。君主的能力毕竟是十分有限的，他要实现对全国的统治，不得不依靠手下的大臣。然而，大臣们又是不可信赖的。君主以利禄收买大臣，大臣以聪明才智换取利禄。君臣之间只是一种买与卖的利害关系，双方必然相互提防、相互猜忌。大臣能为君主奔走出力，也会随时危及君主的权位和性命，因此，君主不能放松对大臣的抑制。具体措施就是严格规定每个人的职权范围，禁止大臣越职和专权。大臣只能按照君主的命令和法律的规定行事，不能自作主张，尤其不能发展私人势力，如结交朋党、建立私人武装、私施救济以收买民心，等等。韩非子指出，小腿长得超过大腿，行走起来就十分不便，因而应当加以限制；树木枝杈多了，就会妨碍主干成长，因而应当不断修剪。如果听任大臣发展自己的势力而不加制裁，君主最终会受制于大臣。老虎本来就是十分凶猛的，在山野横行，为所欲为，如果再让它生出翅膀，就没有谁能够制服它了。君主也应注意要随时剪除大臣的翅膀。

我们知道，儒家主张君主的仁慈和臣下的忠诚互为条件，君主对臣下应给予一定的尊重。韩非子认为那是绝对不可以的，因为君主一旦对臣下过于抬举，自己的权势就会被分走。他举例说：有一次晋平公向叔向请教问题，自始至终都非常恭敬，腿坐麻了都不敢改变姿势，怕的是担当不尊重贤者的罪名。结果晋国境内辞去公家的官职而投靠叔向的人，占去了三分之一。韩非子的结论很恐怖："君通于不仁，臣通于不忠，则可以王矣。"（《外储说右下》）

为了强化君主的权力，韩非子经过苦心孤诣的钻研，向君主奉献了一系列"御臣之术"，无所不用其极。韩非子追求的是"事在四方，要在中央，圣人执要，四方来效"，君主要"独制四海之内"。韩非子这方面的理论，可谓开君主专制主义思想的先河。

极端功利主义

功利主义的一个主要特征是：不论什么事物，凡是眼前有用的，凡是能立即收到效益的，就是有价值的，并且这种有用性是唯一的价值，其余一切都应当弃绝。从这个意义上说，韩非子是一个典型的功利主义者，他所有的理论主张和政策设计都是围绕着富国强兵这个现实目的进行的。

韩非子认为，耕与战是富国强兵的根本途径，因而是国家政治的当务之急。因而人们的一切活动都应围绕着这个中心进行，凡是致力于耕战的，要加以辅助、奖赏；凡是反对和阻碍耕战的，要予以限制惩罚。具体说来，韩非子"务耕战"的主张包括以下要点：

一、奖励务农。具体措施有均平赋税，减轻徭役，以保障农民基本的生存条件；根据缴纳粮食多少赐予爵位，以提高务农者的社会地位。

二、抑制工商。这是奖励务农的防范性措施，包括限制商人牟利的空间和水平，杜绝商人花钱买爵位等，以求"使其商工游食之民少而名卑"。

三、迫使游民归于农本。《和氏》篇说："官行法则浮萌趋于耕农。"韩非子主张通过"燔诗书而明法令，塞私门之请而遂公家之劳"（《和氏》），以及"有功者受重禄，有能者处大官"（《人主》）之类措施，禁游宦之民，使之归于农本。

四、维护地主阶级私有制。韩非子主张通过严厉的法制措施将民众致富的途径限制在勤俭务农和杀敌立功上。他反对"与贫穷地以实无资"（《显学》），认为"征敛于富人以布施于贫家，是夺力俭而与侈堕也"（《显学》）。

五、使国内人人习武，禁止私斗与逃避兵役，奖励战功。韩非子主张人人习武知兵，不得私自逃避国家的征召："境内必知介（兵械），而无私解（逃兵役）"，禁止依托于权贵之门逃避兵役义务，重赏陷阵杀敌的战士："斩敌者受赏"，"拔城者受爵禄"，使国内"无私剑之悍，以斩首为勇"（《五蠹》）。

韩非子主张，对于不利于耕战的人，不管是干什么的，都应当受到限制和制裁。他将儒生、商贾、游士等看作虱子一样的寄生虫，主张统统清除。他说，有巨石方圆千里，不能称为富；有假人纵横百万，不能称为强。因为石头上不能种五谷，假人不能冲锋陷阵。儒生、游士、商贾、艺人不耕不战，与徒有形貌的假人有何不同？在他看来，人只要满足基本的肉体需要，保持勉强温饱的生活水平就行了，诗、书、礼、乐以及金玉珠宝等等，都是一些无用的奢侈品，不仅无益于国家的富强，而且会扰乱人的心志，是堕落和邪恶的根源。

《韩非子》中的《五蠹》篇，堪称韩非子的代表作。在此文中，他把学者（主要指儒家）、言谈者（主要指纵横家）、带剑者（游侠、刺客）、患御者（逃避兵役的人）、商工之民（商人和手工业者）称为"五蠹"，即五种蛀虫。他指出，"儒以文乱法"，"侠以武犯禁"，言谈者"为设诈称，借于外力，以成其私"——即巧施计谋，利用外国的力量谋取私利，而工商之民则囤积居奇，侵害国家的利益。他们都是破坏法制、妨碍耕战、危害君主利益的人，必须毫不留情地加以铲除。倘若任凭他们发展壮大，国家的灭亡也就为期不远了。韩非子以中山国灭亡的教训来证明自己的观点：赵主父（即赵武灵王）派遣一个叫李疵的潜往中山国，去窥探是否可以进兵攻打。李疵归来汇报：出兵中山国正是时候，如果您不赶紧动手，恐怕被齐国和燕国领先了。当赵武灵王问其中原由时，李疵回答：中山国的国君喜欢接纳高蹈尘外的岩穴隐逸之士，同车并辔、倾心相交的穷闾隘巷之士有数十人，你我相称、以平礼相交的布衣之士有数百人。当赵武灵王说中山国的国君是有德君子，其国不可攻时，李疵申论说：君主尊崇隐士，则战士怠于战斗；君主礼敬学者，则农民惰于耕作。这样势必导致兵弱国贫。兵弱于敌，国贫于内，这样的君主除了身败名裂还会有什么结局？赵武灵王于是下令对中山国发动进攻，果然中山国的军队一触即溃，那些原来奔走在国君身旁的文人高士们都不见了踪影，中山国被纳入了赵国的版图。

韩非子主张取缔一切不利于耕战的思想学说。当时诸子其他各派如儒家、道家、名家、墨家等，都在被禁之列。他认为，这种种学说尽管有合理的地方，但与耕战精神是格格不入的，因此应当严加禁绝。国家已经没有其他路可走、没有时间可以延误了，只能义无反顾地一直前进，不能留恋路边的花花草草。对于当时韩国的君主慕远古而昧当前、逐浮华而弃急务的做法，韩非子感到无比痛心。他说，国家民生凋敝，军力衰竭，已到了危急存亡之秋，如一座千疮百孔的宫殿。如果人主不赶紧堵塞缝隙，而一如既往地致力于粉饰墙面，一旦遭遇暴风疾雨，势必土崩瓦解。不除去迫在眉睫的祸患，而寄希望于在祸患发生时有孟贲、夏育那样的勇士效死；不认真对待宫廷内潜在的危险，而忙着在远方的边境修筑坚固的城堡；不采纳身边贤能之士的谋略，而热衷于结交千里之外的大国，一旦灾祸突降，身边的勇士没有用武之地，外国的援军鞭长莫及，那就只有死路一条了。千里之外的越人水性好，但不能指望他们来救助身边的溺水者；鲁国的民众朴实能干，但不能依仗他们来保卫韩国的边疆。因而，君主如果聪明的话，就不要再信奉种种虚浮的学说，不要再去羡慕古代的贤人，而是致力于耕战，自救自强。如此，才能上下亲和，功成名立。

对当时影响最大的儒家，韩非子不遗余力地进行攻击。他将儒家奉持的仁、义、礼、智、信等信条，看作无聊的有闲者所作的自我修饰和自我标榜。他把儒家的德治理论比作小孩子过家家的游戏，尽管可以自娱自乐，却不能用来解决实际问题。他说，儿童一起做游戏，可以把土石当作饭，把泥水看作汤，把木块视为肉，自得其乐，像真的一样，但天黑了肚子饿了却不得不回家吃饭，因为那土石泥浆可以用来做饮宴的游戏，用来填充饥肠却绝对不可能。同样的，儒家所标榜的上古先王的仁义道德，不过是有闲者的文辞游戏，是不可以用之于治国理民的。

无论什么思想，什么观点，韩非子都主张"验之实效"，即看实际效果。他对那些华而不实的辩言虚辞深恶痛绝，称之为渺茫之语，荒唐之言。他说，每个人都能画鬼画魅，但不是人人都能画狗画马。因为鬼魅虚而不实，完全可以信手涂抹；而狗马则是平常所见，画出来必须不离大体。如果远离了实际，谁不能信口胡诌？然而，如果毫无根据，即使说得天花乱坠又有什么价值？喂马者要使马肥必须给它多加粮食，不加粮食，无论给马讲多么动听的道理，都不能使它们肥壮起来。

当时学术界流行着一个非常有趣的命题，叫作"白马非马"。这个观点看起来很荒谬，但在思想史上却有着非常重要的意义，因为它标志着人们思辨水平的提高。韩非子却不以为然。他嘲笑说：宋国有一个雄辩家叫儿说，坚持"白马非马"的谬论，没有谁能驳倒他。可是有一天，他骑着一匹白马经过一个关口，守吏向他的马征税，他怎么辩说都无济于事，最后乖乖地把钱交上。他的滔滔雄辩可以瞒天过海，在一个小小的守吏面前却无能为力，可见辩士们自神自圣的口舌之智在实际生活中没有任何价值。宋国有个人靠装狗盗窃过日子，因此他的皮衣上多了一条尾巴，他的儿子以此向别人夸耀；还有一个人因犯罪被砍掉了双脚，冬天不用穿裤子，他的儿子为此感到自豪。现在有些人对国计民生一窍不通，却到处卖弄他们那毫无用处的小聪明，岂不像狗盗和瘸子的儿子夸耀他们的父亲一样幼稚可笑？

应当承认，韩非子的这些批评是一针见血的，它确实击中了某些人的要害。然而，他的观点太偏颇了，完全否定了思想学术和技艺、道德的价值。须知人活着除了穿衣吃饭外，还有许多更高层次的需要应当得到满足。

对于各种艺术创造，韩非子一概否定，这种急功近利的态度，导致了对美的扼杀。在他看来，无论干什么，都应当以满足实用为限度，外表上的修饰只是财力上的浪费。他说，墨子是一个能工巧匠，他花了三年时间用木头做了一只鸟，仅飞了一天就坏了。如果他用三年时间来制造大车，结果会多么不同啊！还有一个人，用了三年时间在一支马鞭上作画，上面的图画异常精美，筑起高墙、架起梯子在太阳初升时从墙洞中观看，其中的车马人物游龙飞凤更是栩栩如生。可是，拿在手里用于赶车时，与普通的马鞭子没什么两样。试想，如果每造一只马鞭子需要三年的时间，世上还有马鞭子可用吗？

韩非子还认为，外表的过分修饰只会喧宾夺主，对内在的实质内容造成损害。他讲了一个买椟还珠的故事：楚国有个人想出卖自己的宝珠，就用名贵的香木做了一个盒子，上面用翡翠、宝石加以点缀。有人见了爱不释手，只愿出钱买他的盒子，而把宝珠还给了他。当年秦国国君的女儿嫁给晋国的公子时，秦君选了七十个美女为她陪嫁。到了晋国后，晋公子喜欢上了陪嫁的侍女，而把秦君的女儿冷落在一边。这些事例说明这样一个浅显的道理：叶子太多了，就会掩盖花朵。世人却不明白这一点，往往画蛇添足，导致弄巧成拙，聪明反被聪明误。

韩非子如此急功近利，不能简单地看作趣味粗卑，也许他别无选择，因为他所面临的社会现实的压力太大了，韩国内忧外患的危局使他不得不放弃一切高远的目标，把所有注意力都放到能立竿见影的功利性措施上来。

第9章

君主专制政治的设计师

国家权力应如何组织起来？如何实施？统治民众应根据什么原则，采取什么样的手段？这是政治思想家们最为关心的问题。在这个问题上，韩非子充分发挥了自己的聪明才智，他集各家之所长，尽力完善封建专制统治的理论。

专制政权的组织

在韩非子的设计里，君主是绝对的中心，权力由君主发出，经由亲近大臣、朝廷百官，到各级地方官吏，像网一样层层扩展开去；民众都被网罗其中，所有官吏都只是网上的一个纽结，只有君主置身局外，是权力之网的控制者。

在韩非子的政权图式里，只有君主一个人不受限制，其他的则都被规定在层层束缚之中。这正是韩非子所刻意追求的。为此，他不厌其烦地作了许多细节上的规定，如规定官吏不得兼职，使每个人都有明确的责任，便于君主和上级随时根据有关法度加以考察和督责；同时每个人都有明确的职权范围，绝对不能越俎代庖，同级的官吏分别向上级负责，使之相互提防，以免朋比为奸。这样，整个官僚机构就成了一部由君主操纵的高效率的机器。

至于一般民众，则以里为单位组织起来，"设告坐"，即实行"连坐法"，一人犯罪，全里受牵连。这样老百姓就会时时刻刻相互监视，造成一种人人自危的氛围，因而就很少有人企图侥幸、冒险犯法了。即使有坏人也会很快被告发。这就意味着整个天下的眼睛都在为君主而视，整个天下人的耳朵都在为君主而听，君主就可以高枕无忧了：他深处宫廷之内，威严却像太阳的光辉一样，照耀着世界上每个角落。每个人都懂得倘若作奸犯科，肯定难逃惩罚，只能规规矩矩地甘做顺民了。

专制权力的行使

在君主专制制度下，行使权力就是贯彻君主的意志。政权对民众的制约表现为法，法网是否严密健全，意味着君主能否进行有效的统治。因此，韩非子把法制的建设看作政治的中心内容，主张将法作为判断一切的标准和依据。法由君主制定，由君主解释，完全为君主的需要服务。

关于法制实施的制度安排，韩非子没有作过多的讨论，但"以法为教""以吏为师"的主张，说明他的"法"只是一种管理措施，是行政体制的机能，与今日作为维权系统的法律在性质上完全不同。如果说"法"是君主统治天下的罗网，各级官僚机构就是这网上的节点。法的贯彻是由各级官吏进行的，但官吏没有对法的解释权因为法的每一项规定都是清晰透彻的，在依法处理具体事务时，只要照葫芦画瓢，拿法的条文比照一下就行了。各级官吏既是法的贯彻者也是法所规制的对象，广大民众则只有接受和遵守的义务。

"刑名术"是君主操作法网的手段和技巧，以此来控制官吏进而统治万民。"奖赏"与"刑罚"软硬两手的综合运用则是实施法治的根本原则，因为，作为规范和评价人之行为的硬性标准，"法"建立在对人情之喜怒好恶的因应之上。赏罚合理而能保持信用（韩非子所谓"信赏必罚"），则民众服从，法为我用；否则臣民离心，法成虚设。因而，刑赏权就是最高的法权，"刑"与"赏"是最根本的统治手段，直接关系国家安危的权柄，必须由君主独操。也就是说，君主牢牢掌握赏罚权，根据"赏罚合理"的原则建立起严明的法制，通过"信赏必罚"保持法治系统的有效运行，保证整个法制机器掌控在君主一人手中。

君主非神非圣，却能使万民慑服，是因为他有所凭借，这就是"势"。势是由君主的地位和威严所产生的一种威慑力，它使君主高高在上，不怒而威，是君主"胜众"的首要条件。因此，君主要确保自己的统治，必须善于用势，而"势"不仅是一种静态的权位形成的压力，更是一种通过"术"的操作在动态中形成的威慑力。所以"用势"就是"以术制之"。

君主一个人的能力毕竟是有限的，他不可能也没有必要去处理具体事务，他只要抓住政权的关键就行了，这关键就是大臣。大臣各具虎狼之心，是不可轻信的，国君要充分利用臣下的能力和智慧，又要确保自己不为大臣所挟制，必须有一套高明的"御臣之术"。

因此，韩非子认为，只有将"法""术""势"三者结合起来，相互配合着运用，才能巩固君主的统治，从而实现国家的安定和富强。

在韩非子之前，法家出现过几个代表人物，他们是商鞅、申不害和慎到。商鞅重法，申不害重术，而慎到重势。韩非子从他们那里得到过不少启发，但对他们都不尽满意，认为他们各执一端，互有短长。他说：商鞅治理秦国，大力推行法制，确实收效很大，但因为没有高明的"术"来纠察奸邪，结果被坏人钻了空子，国家的一时富强，却也帮助奸臣发展了自己的势力；申不害以术治理韩国，一直未能改变法律混乱的局面，任相十多年，仅能使韩国免于被侵略罢了。在韩非子看来，无论是商鞅、申不害还是慎到，都未能找到成就帝王之业的根本途径，而他韩非子却找到了，就是君主独制四海。他任势、用术、行法，即以势为凭借，唯我独尊；以法为工具，网罗天下；以术为手段，统驭大臣。也就是说，君主通过控制官吏统治民众，君主设立法度，责令官吏监督执行，小民只能严格遵守。

可以说，韩非子这套法、术、势三结合的设计，在理论上是相当高明的，它体现了专制主义的精髓，也能充分发挥官僚机器效率（至少在理论上是如此）。君主高居万民之上，以简驭繁，无为而治。下面每个官吏都是传达君主意志的工具，都是国家暴力机器上的零件，只能全心全意地执行命令，把自己的聪明才智奉献给君主。君主就像一个高居海岸的捕鱼者，他只要攥紧渔网的纲绳，便可以拥有一切：全国民众都是他网中之鱼。

君主专制的根本手段

仅仅使民众遵纪守法，这并不是韩非子追求的目的，他追求的是富国强兵。在他的政治设计中，如何最大限度地榨取和役使民众，是一个主要内容。为此他向最高统治者奉献了两件法宝，这就是"刑"和"赏"。刑赏是法的具体运用，真正体现了韩非子鼓吹的法治精神：赏是金笼头，刑是铁鞭子。有了这两种东西，再剽悍的烈马也会乖乖地为主人卖力。

韩非子将刑赏称为"二柄"，认为这是君主通过法制控制臣民命运的根本手段。他说，人都是畏惧刑罚而喜欢奖赏的，君主以此软硬两手利诱威逼，臣民就会服服帖帖地为君主效力。因此，君主应当牢牢控制刑赏之权。如果刑赏之权被大臣篡夺，他们就可以按照自己的意志行事，喜欢的就加以奖赏，不喜欢的就加以处罚，这样一来民众就会趋炎附势，归附于权臣门下，君主就被架空了。老虎所以能制服狗，是因为有锋利的爪牙；没有了爪牙，老虎威风再大也会受制于狗。君主依靠刑赏来控制臣下，失去刑赏之权，君主就会反过来受制于臣下，就像失去爪牙的老虎受制于狗。

要充分发挥刑与赏的效力，必须使它具有不以人的意志为转移的客观公正性。因此君主应当严格掌握刑赏的分寸，不能根据自己的好恶滥刑滥赏，这就要求将刑赏的标准以法的形式规定下来。君主根据固定的标准去考核臣下的言行，从而决定是赏还是罚，以及如何赏、如何罚。倘若赏罚无度，就失去它的效用了。他举了一个例子，来说明历史上那些高明的政治家对刑赏的施行是多么慎重。有一次，韩昭侯令手下人将他用过的一条裤子收藏起来，大家都很纳闷，问他为什么不随便赏赐给哪个人，韩昭侯解释说：我不是吝惜一条裤子，只是不能开无功受赏的先例，不能破坏既定的规矩。

赏罚应当讲信用，照韩非子的话说，就是要"信赏必罚"，该赏的一定赏，该罚的一定罚。该罚不罚，人们就会产生侥幸心理，而侥幸心理是犯罪的根源。孩子在学射箭时，慈母也会躲在一边，恐怕被箭射中；而神射手后羿在表演时，大家都争着为他举靶子，这是因为人们知道羿射技高超，决不会把箭射到自己身上。根据同样道理，韩非子指出，倘若人们知道做某件事必然受到惩罚，就不会再冒险一试了。他举了一个很现实的例子：楚地有一条河叫丽水，河中出产黄金。政府规定偷采黄金者要在集市上处死，好多人被抓获法办，尸体把河水都堵塞了，然而人们仍然偷采不止，这是因为窃采者不一定都被抓获，人们都想冒险试试。同样，如果对一个人说，现在把天下交给你，但要把你杀死，他肯定不干，知道必死无疑，再大的富贵也不会使他动心。

韩非子还主张以罚为主以赏为辅。他说，赏得过多过滥，人们就会对赏不以为意，况且人心总是贪得无厌，利诱的作用终究是有限的，惩罚才是针对人们贪生怕死的根性的最有效的控制手段。韩非子举例说：

古代有个驾车的能手叫造父，他在赶路时，总是走有水草的地方，这样即使他躺在车上睡觉，马也可以拉着车一路前进。可是有一天，车前突然窜出一头野猪，马受惊了，拉着车到处狂奔，造父使尽浑身解数也无可奈何。这说明统治民众，最有效的手段是刑罚而不是奖赏。并且，人的欲望是无限的，而君主的奖赏却有定数，一旦奖赏不再满足愿望，法就失效了。王子于期也是驾车的高手，同造父一样，他在驾车时，也擅长不用笼头和马鞭而充分利用马对水草的欲求，让马自行拉着车前进。然而，有一次马车经过菜园和水池，这一招就不管用了。驾车的马看到肥美的蔬菜、清澈的池水，便不顾一切地偏离正道。王子于期本领再高也控制不了局面，结果车毁人伤。

所以刑罚才是最有效的手段，并且刑罚的基本原则是轻罪重罚。韩非子认为重刑是为了"去刑"，不是与民众为仇，而是爱民的表现。他的理论是：重刑的目的不是治人之罪，而是为了更充分体现法的精神。法律规定造反者处死，但立法的目的并不是为对付那些被处死的，那样的话只意味着惩治死人而已；法律规定偷盗者惩处，但立法的目的不是针对那些被处罚的，那样的话只意味着惩治囚犯而已。从重惩罚某一种犯罪，是为了震慑全社会的奸邪，这才是实现社会安定的有效措施。因而韩非子主张"以其所重禁其所轻，以其所难止其所易"（《守道》）。针对当时"重刑伤民，轻刑可以止奸，何必于重哉"的舆论，韩非子辩论说：能以重刑制止的犯罪，用轻刑不一定能奏效，而轻刑可以制止的犯罪，用重刑当然更没有问题。因此，使用严刑重典，民众就不敢作奸犯法，民众不敢作奸犯法，重刑对他们又能有什么伤害呢？如果采用重刑，干犯法律所得到的好处就远远抵销不了法律所给予的惩罚。老百姓不会为求小利而冒大风险，就会打消犯法的念头；反过来，如果采取轻刑，犯法者所得到的利益就会远远大于法律所施加的伤害。老百姓因为有厚利可图就会不惜冒险一试，这样制止犯罪的目的就达不到了。再说，刑罚过轻，人们即便不贪图侥幸，也会掉以轻心，从而时常触犯法禁。这就好比说，高山峭壁绊不倒人，但人们却往往在小小的土堆上栽跟头，就是因为土堆不起眼，使人们麻痹大意。轻罪重罚，就没有人敢犯重罪了，所以殷朝的法律规定，谁要是敢在街上倒灰，就砍掉他的手。在韩非子看来，轻刑不是爱护民众的表现，而是无意中为民众设下的陷阱。他说，十丈高的墙，本领再大的人也翻不过去，是由于它陡峭的缘故；千丈高的山，跛脚的羊也能在上面吃草，是因为它坡度平缓。同样道理，法律严峻了，就没有人敢于侵犯。

董阏于治理赵地时，有一次在山中碰到一处涧谷，悬崖峭壁之下是万丈深渊。他问身边的人：有人曾经掉下去吗？回答说：没有，没有人敢到这里来。于是董阏于感慨地说：治理民众也是这样啊！使犯法如入死地，就没有人敢犯法了。回去以后，他严刑峻法，结果境内大治，出现了路不拾遗、夜不闭户的局面。这说明法律严酷，老百姓就会小心戒惧，因而可确保平安，这就叫"以刑去刑"。重刑的目的即是为了去刑，这是君主爱惜民众的表现。

乱世需要重刑，在韩非子所处的时代，采取严厉的统治手段是必要的。不过，将严刑重罚和去刑、和君主的爱心联系在一起，却是一种十分奇怪的逻辑。如果把那种灭绝人性的残酷统治看作爱，这种爱是多么可怕！韩非子所表达的，是在自相残杀中、在累累白骨之上，重建帝王宝座的新生地主阶级的冷酷和决绝。

由此可见，韩非子的逻辑思路是：要国家富强必须厉行耕战，耕战是艰苦和危险的事业，因此必须用赏罚加以劝诱和威逼。刑赏的作用就在于尽众之力、尽众之智；刑赏必须有明确的依据，这就要健全法度、实行法治；法维系于君主一人，因此必须确保君主统治，对君主威胁最大的是身边大臣，因此，君主应处必胜之"势"，用潜御之"术"，与臣下作周旋。法、术、势完美地配合运用，才能确保君主的统治。

综上所述，韩非子，这位君主专制统治的理论大师，可谓处心积虑。不论对政权的组织形式，还是对行使政权的原则、方式以及具体的技术细节，他都作了详细的探讨和设计，面面俱到，用心良苦。

权力问题是政治的核心问题，法家以外的其他各派思想家却很少涉及。作为法家，韩非子在总结和发挥前人创见的基础上，对此作了全面的探讨和设计，完善了封建政权的统治理论，这是他对传统政治文化和政治思想史的贡献。

第 10 章

法 治 理 论

法治理论，是韩非子政治思想的主体内容。关于法的属性、作用及立法和执法的原则等，他都作了详细的论述。下面分别加以介绍。

法 的 含 义

中国古代造字是很有意义的，"法"字在古代写作"灋"。右边一个"廌"，是传说中的一种兽，当人们之间发生争端相持不下时，就被送到它跟前，所触者为有罪的一方，于是受到惩罚。"去"字即指除去奸邪。因此，"法"字含有评判是非，惩治坏人的意思。左边的三点水表示执法应像水一样公平。所以，法一开始是专指刑法和法律而言，后来不断引申，有了制度、准则、方法等多种意义。

法的观念在我国很早就出现了。人们生活在一起，不可避免会产生摩擦和冲突，要判断人们行为的是非曲直，必须有一种明确的标准作为根据。进入阶级社会后，统治阶级为了维护自己的权益，维持社会的安定，便开始建立针对被统治者的行为准则和相应的处罚办法，这就是最初的法律。相传我国在大禹时代便出现了"刑典"。现在我们确知的最早的成文法出现于西周时代，当时有专门处理刑法事务的理官。理官代代相承，好多人都认为法家传统即来源于理官。

但法家的法的含义绝不止于刑法、法律。法家是作为社会变革家登上历史舞台的，他们的共同口号是"变法"，这里的"法"包括一切传统的制度、规则、习俗等；法家所要建立的新法，即适应现实需要的社会制度、政策措施、行为规范等等。韩非子的注意力，则主要放在如何加强君主专制统治和谋求国家的富强上。因此，韩非子的法，主要指专制国家推行的各种政策规定、行为规范和奖罚办法。他说："君无术则蔽于上，臣无法则乱于下，此不可一无，皆帝王之具也。"（《定法》）韩非子法治的内容，就是国家以硬性的标准来约束和统一人们的行为，厉行耕战政策，从而实现富国强兵的目的——法是帝王统治天下的工具。

关于法的属性

法的属性，也是立法的依据和所应遵循的原则。对此韩非子作了许多论述，可以归结为以下几点：

普遍性。韩非子的宇宙观、世界观与老子是基本一致的，"道""理""人情"是其中三个最重要的关键词。道是宇宙的本体，万物的根源，是支配宇宙万象的根本规律；理则是道的体现，是事物的本质属性以及事物在相互联系中体现出来的法则与规律；而"人情"作为人的本质欲求即是人之"物理"，因为人类社会是自然世界的有机组成部分，受制于共同的规律。因而，作为处理社会关系的尺度，只要法的内容合乎道理人情，它就融入了天道的韵律和节奏之中，具有了统摄万物的机制和功能，具有了放之四海而皆准的普遍性。

怎样保障法的普遍性呢？韩非子的回答是"以道全法"，具体说就是"合道理"与"因人情"，亦即"循天顺人"。他说："闻古之善用人者，必循天顺人而明赏罚。循天则用力寡而功立，顺人则刑罚省而令行。"(《用人》)就是说，只有循天道而合物理，因人情而得人心，"法"才是有效的。

首先，立法行法都应当合乎事理。有人为逃避兵役把自己弄成残废，就应当绳之以法。有人天生就是瘸子瞎子，就不能加以处罚，因为那是没有办法的事情。君主制定的法应当是简单易行的，使臣民经过努力能够做到，不能不讲情理，不能要求过于苛刻。用韩非子自己的话说就是："明主立可为之赏，设可避之罚。"乌获是个大力士，他可以举起千斤重的大鼎，但不能要求他把自己举起来；离娄视力极佳，他可以看清百步以外的小草，但不能要求他看清自己的眉毛。违背天道事理的"法"一旦付诸实施必然伤残万民之性。韩非子举例说：如果要求一个石匠拿着圆规、矩尺、绳墨等工具，去矫正泰山的形状，让孟贲和夏育（**古代有名的勇士**）举着干将（**一种宝剑名**）之剑去整齐天下民众的高矮，那么即便石匠能享有千年的长寿，即便孟贲、夏育为达到目的不择手段，他们也不可能取得成功。因此，古代那些统治天下的明君，不做使匠人极尽技巧以伤害泰山之体的蠢举，也不做令孟贲、夏育凭借暴力残害民众本性的愚行。不论做什么事情，倘若违背了天道物理，是注定要失败的。君主在制定和实施法令制度时，一定要注意是否合"理"。假如树立了难以达到的标准，却去责怪臣下没有达到，臣下就会产生怨恨；使臣下丢掉自己的专长而去从事难以胜任的事情，臣下就会蓄怨在心。之所以导致臣下怨恨，是因为君主所实行的不再是法治了，而是他随意而为的"人治"，失去了客观普遍性的法，不过徒有其表而已。

同时，立法行法还要合乎人心民情。因为人心民情就是人之"物理"。在《安危》篇中，韩非子说，圣明的君主治理国家依靠的是法。如果君主颁布的法律适于民心，则他主政时天下安定，他离开后万民追思。相反，如果制定的法度"利人之所害""乐人之所祸""危人之所安"，则属于自取灭亡的"危道"。

韩非子的顺应人心民情与儒家宣扬的"得民心"不一样。儒家的"得民心"追求的是民众在价值和情感上对权力的认同，韩非子强调的只是顺应和满足民众诸如衣、食、住、行等最基本的生存欲求。他说，人在本性上都是乐生怕死的，倘若法度的制定偏离了这个前提，使民众"失其所以乐生，而忘其所以重死"，则"主不尊"而"令不行"（《安危》）。奔驰欲覆的马车上不会有孔子那样的谦谦君子，倾覆的舟船之下不会有伯夷那样的恬淡高士。在饥寒交加的时候逼迫人放弃衣食，即使孟贲、夏育这样的猛士都做不到。如果剥夺了民众的自然欲求去治理天下，即使尧舜这样的圣人也行不通。倘若君主不顾民众的死活，一味横征暴敛，则老百姓就会轻死冒法，国家的安定便无从谈起。

一、公开性。韩非子认为，法应当面向整个社会，对所有的人都有效，甚至君主也不能不遵守。因此，应当将法向全民公布，使人人都熟悉。他说："法者，编著之图籍，设之官府，而布之于百姓者也……是以明主言法，则境内卑贱莫不闻知。"(《难三》)熟悉了法律，人人都知道如何行事，官吏就不敢以非法的手段侵凌民众，民众也不敢超过法律规定去巴结官吏，政治就能清明安定。

公开布法最早出现于春秋后期的郑国。当时执政的子产将刑律条文铸于刑鼎上，向国人公布，遭到了贵族势力的强烈反对，因为这等于否定了他们解释法律的特权。贵族社会的根本特征，就是对民众"区别对待"：统治者与被统治者之间有"天渊之别"——所谓"礼不下庶人，刑不上大夫"，统治者内部也等级森严。到了战国，随着中央专制集权的完善，破除特权，树立唯一的权威，使所有民众都生活在国家的法网之中，成为现实政治的需要。这样法律就必须公布于大众，使每个人都熟悉，以便于遵守。法家的主张即反映了这一时代要求。

二、同一性。法是人们行为的根据，因而针对某一件事情，必须只有一种规定。不同的规定同时存在，相互矛盾，相互冲突，人们就不知道如何遵守了。韩非子举例说，申不害在治理韩国时，没有统一法令制度，旧的没有废除，新的又制定出来，给坏人留下了许多可乘之机。如果按旧法行事有利，他们就行旧法；如果按新法行事有利，他们就行新法。

这样，他们假公济私，为非作歹，国家也对他们毫无办法。

针对某一件事情的立法确定后，就应当严格遵守，不能随意变动，改变多了，百姓日常生活就会被扰乱，法制的功效就会受到损害。他说，匠人不断改变工作的对象，最终会一事无成；农夫屡次改变耕作的田地，功效会大打折扣。一个人耕作，一天损失半天的功效，十天就相当于有五天什么也没干；一万个人一起耕作，每天每人损失半天的功效，十天就相当于有五万个人没有干活。同样道理，随着法律的变更，民众的利害关系就会发生变化，利害关系变了，民众所关注的目标、所热衷的事物就会改变，社会各阶层的职业就会随之发生大规模的调整，这样对国家整体造成的功效损失就大到不可计量了。收藏贵重的器具，如果今天搬到这儿，明天搬到那儿，搬来搬去，难免对器具本身造成损害；烹煎小鱼，倘若一会儿往这边翻，一会儿往那边翻，翻来翻去，就把鱼给翻烂了。国家老是变法，就成了瞎折腾，民众无所适从，成果也就无从谈起。因此，韩非子得出结论："有道之君贵静，不主变法。"这与他的变法主张并不矛盾，他强调适合时宜的法令确定之后，不要随便变动，以维护法令的权威性。

三、客观性。在揭示法的性质时，韩非子经常用工匠从事制造业所用的工具如规矩、绳墨以及测度重量和容积的权衡、斗石等直观性的器物来加以比喻。在他的理想里，法是衡量人们行为的权威性标准，是君主裁制天下的客观性工具。一旦普行了法制，处理芜杂纷纭的社会政治事务就轻而易举了，就像用准绳取直弯木、用权衡（秤砣和秤杆）测量轻重一样简单易行。他说，能工巧匠用眼估量一下就能合于绳墨，可是他还得先拿规和矩来作为标准；智慧的人能很容易地把握事物的根本从而取得成功，可是他还得先拿先王制定的法度作为比照。因此说，有了绳就能把弯曲的木头取直，有了准（测定水平的工具）就能把凹陷和隆起的地方取平。把权衡悬起来，就能分清轻重从而取重益轻实现公正；把斗石摆出来就能分辨多寡从而取多补寡达成均平。用法来治理国家也是如此：把现成的标准拿来加以比照即可。总之，法像权衡斗石一样公正无私：它处罚过错时不回避大臣，奖赏善行时不遗漏匹夫。因此说，矫正在上者的过失，纠察在下者的奸邪，整顿乱局解决纠纷，削减过度修整不足，以及统一民众的行为规范，没有比实行法治更简单有效的（参见《有度》）。

客观性也是执法行法的原则。作为裁决一切事物是非曲直的标准，法的规定应该是客观的，不能以人的意志为转移。法像镜子，保持明亮不受干扰，美丑就会自动显示出来；反过来，如果在照镜时摇动镜子，就无法看清正确的形象。法也像称量轻重的衡器，在称量时摇动它，就无法求得精确的斤两。因此，在立法执法时，不能渗入主观情绪的因素。倘若凭恃一己私智轻慢法律，那就是"慢法"。韩非子强调，"明法者强，慢法者弱。"（《饬邪》，下同）他还引用俗语说："家有常业，虽饥不饿；国有常法，虽危不亡。"倘若君主"舍常法而从私意"，则臣下就会挖空心思投机取巧，假公济私，法的规定就形同虚设了，那就意味着"妄意之道行，治国之道废也"。所以他主张，清除以私意危害法律的害群之马，这是治理国家的首要之务，只有这样才能保证民众不为智能所迷惑，不为虚名所欺骗。

四、公正性。法是客观的，因而就是公正无私的。法像木匠用的绳墨一样，不因为木头弯曲就迁就它，弯曲的地方就要取直，高出的地方就应削去。它是高悬蓝天的明镜，无私无情地照出每个人的善恶美丑来。法对所有的人一视同仁，不会因为有的人位高权重就低声下气，也不会因为有的人老实就盛气凌人："故行之而法者，虽巷伯伸乎卿相；行之而非法者，虽大吏屈乎民萌。"（《难一》）意思是说，如果行为合法，即使里巷老父在卿相面前也能理直气壮；如果违反了制度，即便高官大员也得向平头百姓俯首低眉。法律面前所有臣民一律平等，这是韩非子高扬的旗帜。他举了两个例子，说明只要圣主能做到"法行所爱""不避亲贵"，就能使法律取信于民。

一个是晋文公斩颠颉。晋文公要率群臣去圃陆打猎，约定以正午为期，迟到者军法从事。有一个叫颠颉的，素为文公所信爱，偏偏迟到了。执法之吏请求按律治罪，文公流着眼泪下令把颠颉腰斩了。老百姓因此非常震动，相互议论说，颠颉追随文公在国外流亡十九年，忠心耿耿，在国君眼里是那样受重视，尚且被依法严治，我们如果违法乱纪，又会怎样呢！从此晋国人心警肃，士气激昂。

另一个是楚太子犯禁。楚国有一条法令，规定臣民的车辆不得驶至雉门（诸侯宫殿的大门）。有一次，楚王急召太子，太子乘车赶去，因雨后殿前积水，打算直接将车驶到雉门前的檐下。掌管刑狱的廷理出面劝阻，说：车子驶至雉门下，是犯法的！太子说：父王有事急召，我不能等到积水消尽再进去吧！吩咐驭手继续前进。廷理也不含糊，挺起手中的殳（一种兵器）把驾车的马刺伤，把车辕也砍断了。太子哭着向楚王告状：因为殿前积水，我不得已把车驶到了雉门下，廷理就击毁了我的车，刺伤了我的马，真是不把孩儿放在眼里啊！廷理非杀不可，父王一定给孩儿做主啊！楚王不仅没有答应太子的要求，还对廷理赞赏不已：当前的国主已老迈，他绝不怠慢；面对将来的君王，他绝不攀附。这真是国家的贤臣，真正能执法的官吏啊！下令给廷理连升两级。

韩非子评论说，人要是身上出现脓肿，就应当及时用针石刺破，尽管会痛一阵子，却免于由小病酿成大患，身体很快会康复。同样，如果亲信触犯了法，也应向对待平民那样按律治罪，那样虽然违背自己的意愿，却维护了法的公正性，捍卫了法的尊严。

　　韩非子强调，一旦法的公正性得到保证，人们就可以完全信赖地接受它，并自觉地维护它，即使受到法的制裁，也不会心怀怨恨。他举了一个例子：

　　孔子在卫国做官时，弟子子皋担任掌管刑狱的官职。一次有人犯了罪，子皋下令砍掉了他的脚，又让他为官府守门。不久，孔子受到坏人陷害，卫君要抓他，不得不逃走。弟子们也各奔东西，四散而逃。子皋逃出了门，守门人将他引到自己的屋里，藏了起来。到了半夜里，子皋问他：我因为不能破坏君子的法制，亲自下令砍掉了你的脚，你为什么反而肯救我？那人说：我被砍掉脚，本来是罪有应得，是没有办法的事。而当你按照刑法给我定罪时，反复推敲法令的规定，看样子很想免去我的罪，等到定罪之后，你又感到局促不安，闷闷不乐，这我是看得出来的。你不是私下袒护我才那样做，而是仁爱之心的表现，这就是我心悦诚服而对你有好感的原因。

　　法公正严明，老百姓就会很自然地接受它，把它看作必不可少的生活的要素。这样，法就会像阳光雨露一样，渗透进人们的日常生活；人们生活在法制之中，如同鱼生活在水里，决不会感到不方便，更不会因触犯法禁而遭受惩罚了。

韩非子宣扬法的平等性，这在当时是有进步意义的，它意味着对残存的等级秩序和特权观念的否定，为大一统的中央集权的建立进一步扫清了道路。然而，法治的实际，决不像韩非子所宣扬的那样美妙无比，它的貌似公正的平等性，掩盖了血淋淋的阶级统治的实质。归根结底，韩非子的法，不过是专制君主实行铁血统治的工具罢了。

五、权威性。要完善法制，必须树立它的权威性，使它成为判断人们是非曲直的唯一根据，除此之外的任何尺度、任何标准，都应当取消。他说："明主之国，令者，言最贵者也；法者，事最适者也。言无二贵，法不两适，故言行而不轨于法者必禁。"（《问辩》）为此，他主张任法不任智，尚法不尚贤，禁止私学，以法为教，以确立法的绝对权威。

首先是任法不任智。韩非子将"智"分为两种情况：聪明机巧的识智，和夸夸其谈、不切实际的"辩智"。前者微妙而不可传，后者浮夸而难为用。他说，智慧这种东西，完全是个人性的，不入精微，即涉虚幻，即便非常聪明的人也难以知其究竟，一般民众就更学不来了。连糟糠也吃不饱的人不该奢望粱肉之食，连粗布也穿不起的人不该等待锦绣之衣。治理国家也是一样，倘若最应该做的没有做到，就不该在那些可做可不做的事情上下功夫。现在的当权者，对于与现实生活密切相关、匹夫匹妇明了易懂的法律毫不在意，而去艳羡、追随智者的所谓治国高论，实在是南其辕而北其辙啊！那不是老百姓所能够和乐于接受的。因而，英明君主的治国之道，是"一法而不求智"（参见《五蠹》）。

韩非子还强调，"道法万全，智能多失"，即是说"法"是道的体现，无往而不适；"智"则难免偏见与臆测，容易偏离大道。治国理民，倘若舍常法而任心智，必将使社会陷于混乱，危及君主的统治。在《饬邪》篇中，他说："夫悬衡而知平，设规而知圆，万全之道也。明主使民饬于法，知道之故，故佚而有功；释规而任巧，释法而任智，惑乱之道也。乱主使民饬于智，不知道之故，故劳而无功。"所以韩非子的结论是"舍法任智则危"。

其次是尚法不尚贤。人才与法制是政治的两个相辅相成的轮子，但韩非子设计的唯法独尊的政治体制就如同一台自我铺轨的机车，根本就不需要依赖于贤人的操作。在他看来，选用贤能是必要的，但目的是为了明法。在《南面》篇中，他说："人主使人臣虽有智能不得背法而专制，虽有贤行不得逾功而先劳，虽有忠信不得释法而不禁，此之谓明法。"法是第一位的，独立自足的，贤能之士倘若不能处处以法律为准绳，则不仅无益而且有害。在韩非子眼里，所谓贤能，是指那些能明于法度、称于职守、忠于君上的吏治之才，绝不是那些以忠孝节义相标榜、以廉洁慈惠取民心的所谓仁人志士。当世的君主崇尚后者，这正是天下至今动荡不已的原因，因为如此"尚贤"就意味着废弃"常法"，是逆道违天的乱举。韩非子举例说，在齐国，田氏倾覆了吕氏的社稷（齐国是太公姜尚的后代，因姜尚曾封于吕，故又称"吕尚"。春秋时，陈公子完因国难逃到齐国，改姓田氏，世代为卿。传到田常时，弑齐简公，独掌齐国大权。至田和时，取代姜齐列为诸侯）；在宋国，戴氏篡夺了子氏的权柄（宋国为殷朝遗民微子启的封国，本为子姓。《韩非子·内储说下》载：皇喜与戴欢争权，戴欢杀宋君而夺其政）。田氏、戴氏，都是所谓的贤人啊！因此说，如果不专注于法制建设，而是致力于选任贤能，国家难免陷于内乱。

再次是禁止宣扬礼教和德治的私学，完全以法为教。与法治相对的是儒家标榜的德治，内容是通过明君的仁政、圣人的教化来改变社会生活状况，通过个体的自我修养来消解社会矛盾。因此，儒家宣扬孝悌忠信，鼓吹仁义道德，要求人们以此来规范自己的思想和行为。韩非子从法治的立场对此进行了严厉驳斥。他说，忠孝仁义等，不过是欺世盗名者用以自我修饰的漂亮的光环罢了。它好看而不中用，与人的本性相违背，只能助长虚伪，加剧混乱。以仁义来治国，就如同抱着木柴去救火一样，只能适得其反。其实，即使那些为儒家所称颂的仁爱慈惠的明君圣主，如尧、舜、禹、汤等，也都是以法治国的。从前舜要派遣官吏负责治理洪水，有人在命令下达之前就立了功，舜以为他擅自行动，是目无法纪，就下令把他杀了；禹在会稽山上会见天下诸侯，防风氏去晚了，禹也下令把他处死。他们这样做不是不通情理，而是担心法令受到轻慢。韩非子还举了秦襄王的例子，说明法的权威性不容侵犯，不论出于什么样的理由。他说，有一次秦襄王病了，并且病得很严重，有一个老百姓为他祷告。襄王病愈后，那个老百姓把自己家里的牛杀掉，向神谢恩。秦王得知此事后，不但没有被感动，反而下令处罚那个为他祷告的百姓，因为私自杀牛是违犯当时的法律的。在韩非子看来，秦襄王的做法无疑是明智的，尽管有违儒家宣扬的仁爱原则。倘若为了仁爱而牺牲法的权威性，国家将无以为治。他强调法律是判断人们是非功过的最高也是唯一标准，每一个人只需对法律负责就行了。

因此，韩非子主张焚毁法令之外的一切文章典籍，摒弃前贤先哲的训诫教导，唯法独尊，完全按照法的规定行事，不得有一丝一毫的违越。他举了一个例子：

有一次，秦国出现了严重饥荒，饿死了很多老百姓。有个大臣请求秦王打开国库进行救济，秦王坚决不同意，他说：法令规定，百姓有罪受罚，有功受赏，现在对全国民众一概进行救济，不就等于有功无功同样受赏吗？饿死一些百姓没什么要紧，法令的规定是不能破坏的！

韩非子的遵法连起码的人道都不讲了，可见他的法是多么不近人情！试想，如果一国百姓饿死了，只剩下法制，还用来治理谁呢？把法的权威推向极端，便荒谬绝顶了。

在韩非子看来，要维护法的权威性，必须注意执法行令要讲信用，有了规定就照章行事，不能有一丝一毫的马虎。他说："小信成则大信立，故明主积于信。赏罚不信则禁令不行。"（《外储说左上》）他举历史上一些著名的政治家的事迹为例，来说明这个道理：

当年，晋文公率兵攻打一个叫原的城，命令士兵带十天的粮食，以十天为期。谁知十天过去了，原守军仍在负隅顽抗。于是文公下令鸣金收兵。身边将领都劝阻：我们眼看就要得手了，为什么要撤退？再坚持一两天就行了。文公不同意，他说：如果得到一座原城，却要失去信用，那岂不是得不偿失？又一次下令回师。原人听说后，议论道：君主如此讲信用，他的军队肯定是纪律严明，战无不胜的，我们原城早晚要被攻克的。于是便主动归附了。

魏文侯与管理山林的官员约好了打猎的日期。到了那一天，突然刮起了大风，飞沙走石。文侯仍然命令驾车起程，左右的人劝阻，文侯不听，说：不能因为有大风就失去信用，我不能这么做。于是亲自乘车前往，冒着风告诉有关人员打猎的事作罢。

如果对法度玩忽怠慢，那法度就形同虚设了。楚厉王曾规定，如果发现紧急情况，就击鼓为号，百姓必须集合听命。有一次他喝醉酒，击起鼓来，城内百姓大惊，赶紧前往应如。厉王只得让手下人向百姓解释说：我喝醉了酒，与大臣们游戏而已，没什么事，大家都回去吧！后来果真出现危急情况时，再击鼓，就没有人再听从召唤了。楚厉王只得更改原来的规定。

法 的 作 用

为什么要实行法治？以法治国有什么好处？对此韩非子不厌其烦地反复论述，概括起来有如下几点：

一、定分止争。分即名分，是指人们应享的权利、应承担的义务，以及应遵守的规定等。其中最重要的是财产的所有权。自古道："人为财死，鸟为食亡。"财产是人类纷争不已的主要根源。因此，把每个人的财产权以法的形式明确规定下来，就可以减少社会矛盾和冲突。野地里跑的兔子，每个人都可以追赶，因为谁赶上了谁就可以据为己有；而集市上的兔子成百上千，即使贪心的小偷也不敢公然拿走，这就是由于"名分"已定的缘故。

定分是当时社会的现实要求。当时正是新旧交替的转折时期，无论是社会制度还是个人的思想行为都处在混乱之中，民众之间相互侵犯的现象十分严重，私有财产得不到应有的保护。因此，社会上各个阶层，尤其是新生的地主阶级都希望有一个强制性的权威来划定人们行为的界限。韩非子的定分思想就是反映了这种要求。

韩非子"定分"依靠的是法。法是客观的、硬性的，它的规定非常明确，不留任何余地；它又是公正无私的，对坏人坏事像严霜寒风一样不留情面。在法的规制下，任何人都必须规规矩矩，老老实实。因此，要定分止争，没有比法更有效的工具了。在《韩非子·用人》篇中，他说：古人曾说过，人心难以测度，因为人的喜怒没有定准，故而人们用"表"（有刻度的标杆）指示眼睛，用"鼓"指导耳朵，用"法"来规制心志。统治大众的君主如果放弃这三种简单易行的手段，而诉诸难以测度的心志，就会造成怒戾之气蓄于上、怨愤之气积于下的局面。由"积怒"之君上来统制"积怨"的民众，双方都会陷于危险之中。对英明的君主来说，他设定的标准显而易见，因而能确立公信；他发布的教导浅

121

白易懂，因而能为人信从；他制定的法律切实而易操作，因而能行之有效。能做到这三者，据上者就能摒除私心，在下者就会小心谨慎地按照法律的要求行事，如同根据标杆移动，遵照绳墨砍削，沿着剪边缝制。这样，则统治者就不再有出于一己之私的刻毒，被统治者也不会再因为愚昧而遭受诛戮。上面君主英明而温和，下面民众尽忠而少犯罪（参见《用人》）。可见，在韩非子这里，"法"不仅可以定大众群体间的"争"，而且可以定统治者和被统治者上下之间的"争"。有了客观而明确的法度，就会定纷乱于秩序，化乖戾为祥和。

需要强调的是，在韩非子设计的政治体制下，对君主而言，臣民的"分"只是义务而已。所谓"定分"，最根本的是以君主或国家之"公"来统摄臣民之"私"。他说："所以治者法也，所以乱者私也。法立则莫得为私矣。"（《诡使》）又说："故当今之时，能去私曲就公法者，民安而国治；能去私行行公法者，则兵强而敌弱。故审得失有法度之制者，加以群臣之上则主不可欺以诈伪；审得失有权衡之称者以听远事，则主不可欺以天下之轻重。"（《有度》）在密不透风而又明鉴一切的法的规制下，臣民不敢以任何私利损害公益，只能小心翼翼、诚惶诚恐地为君主的国家服务——显然，韩非子行法，首要目的是尊君。

二、矫奸去邪。法的最重要的作用，在于它能矫正恶行，铲除坏人，维护社会的安定。韩非子认为，人这种动物天生就自私自利，并且贪得无厌。若是没有刑法的约束，每个人都会肆意妄为，任何动听的教训都是无济于事的。各个地方都会有一些横行霸道的不法之徒，对于师长的劝说、慈母的哀求，他们都当耳旁风，不思悔改。可是，当发现官府的人带着刑具，到处搜索奸人时，他们便服服帖帖不敢放肆了。因此说，只有严峻的刑法，才能使坏人改恶从善。针对儒家主张靠教育、靠训导来教化百姓，韩非子反驳说，无论你怎么训导，老虎也不会变成骆驼，要对付吃人的老虎，不杀掉就得关起来，此外再没有别的办法。把老虎关在笼子里，连小孩子也敢上前戏弄它，法律就是专为坏人制造的笼子啊！有了法律对坏人的制裁，软弱善良的人才会得到安全。要驯服老虎却不用坚固的木笼，要禁制奸邪却没有严明的法度，要杜绝诈伪却没有信符作凭证，即使孟贲、夏育这样的猛士也会感到担心，唐尧、虞舜这样的圣王也会感到为难。正如同制造坚固的木笼不是为了对付老鼠而是为了帮助怯懦者驯服老虎，国家建立法制不是为了裁制曾参、史鳅这样的君子，而是为了帮助才能平庸的君主控制盗跖一样的暴徒；制作信符不是为了防范尾生这样的忠信之士，而是为了避免众人之间的相互欺骗。君主统治一个国家，不能依仗臣下都像比干那样忠心耿耿，也不能侥幸野心家不兴风作浪，他依恃的是怯懦者赖以制服强者的工具，是平庸的君主所易于持守的法宝。一国之君倘若离弃了法度，即便侥幸碰上伯夷这样的沽名钓誉之人得以暂保平安，最终也难免受到田常、盗跖之类强人的侵凌。所以说，英明的君主建立、实施法制，要使孟贲这样的勇士有所顾忌，使盗跖一类的强人不敢妄为。那样的话，就像将价值千金的珍宝寄托于后羿百发百中的神箭之下，没有人敢觊觎也就没有人犯法，强暴者就会变得谨厚，奸邪者会回归正途，就会出现万民归心天下太平的局面。那样的话，君主就会优容自在地安居于高堂华屋之中，而不用担心咬牙切齿的阴谋；臣下就会理民于固若金汤的城防之内，而不用忧惧指天抢地的祸患。

可见，以法"矫奸去邪"的意义有两方面：维护弱者的利益、保障君主的安全。所以他把法称为"万全之术"，是"利民萌便众庶之道"（《问田》），认为正明法、陈严刑的目的是"将以救群生之乱，去天下之祸"（《奸劫弑臣》）。

三、一民之轨。一民之轨就是统一人们的思想和行为。韩非子认为，人都是自私自利的，这是不可改变的天然事实，然而，倘若任凭个人的私心无限发展，社会就会充满矛盾和纷争，国家势必疲弱不振，败亡有期。只有"法"能够化私为公，振衰去弊，所以他说："所以治者法也，所以乱者私也。法立则莫得为私矣。"(《诡使》)他说，韩国之所以积弱不振，就因为人们各谋其私，而危害了国家的利益。因此，必须有一种强制性的手段，来迫使人们走上正道，向着有利于国家的方向共同努力。而要做到这一点，只有厉行法治，别无选择，所以他强调："一民之轨，莫如法。"(《五蠹》)他举例说，造父驾车的技术高超无比，然而，如果没有笼头、缰绳和鞭子，他也驾驭不了强悍的烈马。同样，人君没有一套切实有效的法度，也无法统治民众。历史经验证明，如果不运用法度，只依靠自己的心智技能，即使像尧舜那样的君主也不能治理好一个国家。因而韩非子要求人们的言谈举止都要以法为依据、为准绳："言行而不轨于法令者必禁。"(《问辩》)

当时的儒家主张通过君子和圣人以身作则的道德教化来改造人心，从而实现社会的和谐，在韩非子看来那不过是一种痴人说梦罢了。人怎么能通过所谓的自我修养来成为善人呢？如果一棵树本来就弯弯曲曲，它能自己直过来吗？能自我教育、自我砥砺的君子也许是存在的，但那不过是凤毛麟角的特例而已，不能把富国安民的希望寄托在他们身上。试想，如果一定要用天然就直的箭杆，军队有多少箭可以使用？如果一定要用生来就圆的木头，那什么时候才能制造出车轮子？天生善良的人也许是有的，一国之内也不过十个八个而已，因此说靠善人的出现来实现社会的安定也是毫无意义的。政治是以芸芸众生为对象的，而法是整齐众生的最有效手段，因而君主不应致力于"修德"，而应专心于法治。

在韩非子看来，法是理的体现，代表了国家的公益，它的作用就在于"去私奉公"。它明确规定人们行动的准则，对一切不符合要求的言行，都严加制止，使之转到国家利益的大道上来——亦即乖乖地按照君主的意愿行事。

韩非子"一民之规"的目的非常明确，即富国强兵，而实现富国强兵的途径就是以"法"来约束和督促民众"务耕战"。他相信，只有以这种一刀切的法为工具，君主才能统驭各怀私心的大众，有效地动员全国的人力物力，实现国家的安定和富强。

四、量功择人。在《外储说左上》一篇中，韩非子讲了这样一个故事：宋国有个人向燕王毛遂自荐，说他有一种独门绝技，能在荆棘的刺尖上雕刻一只猴子。燕王很器重他，送给他三十里土地的赋税作为俸禄，让他专心从事这种非凡的艺术创造。然而时间一天天过去了，期待中的伟大作品一直没有露面。那人告诉燕王说，要欣赏他雕刻的猴子，必须半年时间不入后宫，不喝酒吃肉，并且要在雨过日出、欲晴还阴的刹那间看才行，一旦错过了时辰就看不到了。这样，尽管燕王长期把那人养在宫中，却迟迟没得机会一饱眼福。

后来，一位做铁器的工匠对燕王说：我是负责制造雕刻工具的。不论雕刻什么，所用的工具必然小于要雕刻的东西。荆棘的尖容不下刻刀的锋刃，所以想在刺尖上刻一只猴子是绝对不可能的。大王要他的刻刀来看看，就知道他说的话是真是假了。那人听说燕王要看他的刻刀，赶紧逃走了。由此，韩非子得出结论：如果没有一个客观的标准，所有靠嘴皮子吃饭的人都能在荆棘刺尖上雕刻出猴子来。

韩非子认为，无论干什么事，没有一定的标准作为依据就寸步难行。奚仲是造车的高手，如果不用圆规和直尺，他一个车轮也造不出来；王尔是著名的巧匠，如果不用尺子测量而只用眼睛估计，合乎标准的制品恐怕不能超过半数。君主在评判臣下时，如果不以法规作为依据，而只凭个人印象，那肯定分不清贤愚好坏。为什么这样说呢？君主一个人统驭众多的官吏，如果仅凭个人的能力和智慧，那就意味着以一双眼睛对付无数双眼睛，以两只耳朵对付无数只耳朵，不仅精力不足，时间也不够用。况且臣下总是想方设法蒙蔽君主，如果君主用眼睛来看，他们就修饰自己的行为；如果君主用耳朵来听，他们就宣扬自己的声誉；如果君主使用智谋，他们就绞尽脑汁为自己辩白开脱。君主以一驭众，必须有一种胜众的法宝；要了解臣下的功过曲直，必须有一种客观的尺度。这种法宝，这种尺度，就是法。法是判断人们是非功过的唯一标准。

韩非子强调，君主统驭臣下，最重要的就是确立考核的标准，就像考核射箭的技能首先要树立靶子。如果胡乱放箭，即使射中很小的目标也不能算技艺高超；有了靶子，射技的高下就可以立判分明了。对臣下来说，法规就是他们射箭的靶子。空口无凭，任何人都可以说自己有回天倒海的大本事，都可以说自己领悟了宇宙人生的真理，掌握了前贤先哲的不易之道，对此只在口头上是难以驳倒的。这就像两个人争说自己年纪大，一个说他与黄帝是同年出生的，另一个则说黄帝的哥哥出生时他已经在世了，谁都没有证据，谁也说服不了谁。明君统治臣下的最有效的办法，就是根据他的言论，授予一定的职责，然后依据有关法规加以考察，这样，是功是过，便昭然若揭；是赏是罚，便可行之无疑了，这就叫"循名责实""综合名实"。臣民知道旁门左道行不通，偷奸取巧逃不过，便老老实实地按照自己的本分行事了。所以说，以法度治国简单得很，像木工制造器具一样，尺度是现成的，拿过来用就行。如果一心实行法治，平庸的国君可以确保安定，雄才大略的明君圣主就可以称王天下了。因而聪明的君主"舍己能而因法数"，即放弃自己的个人技能，将国家的管理完全交托给自动运行的法律制度。

有一次齐景公到渤海游玩，突然有驿使从都城中快马来报：晏婴（齐国著名政治家，齐景公的相）病危，眼看就不行了。齐景公立即下令驾车返程，大车刚跑了几百步远，他认为驭手赶得太慢，夺过缰绳自己驾驶，又跑了几百步，又感到马跑得太慢了，从车上跳下来自己往回跑。试想，无论他怎么跑，能跑过四匹骏马拉的大车吗？同样，君主治理国家，如果摒弃法度不用，任凭他的能力多么出类拔萃，也都是无济于事的。

儒家主张君主以身作则，以自己的道德品行为榜样去感化臣民。君主一举一动都是合乎规矩的，臣民跟着效法，自然就不会陷于过错。他们说，百姓是水，而君主是容器；容器是什么形状，水就呈什么形状。他们举例说，当年齐桓公喜欢穿紫色的绸料衣服，一国百姓都跟着仿效。当时紫色的绸料价格非常昂贵，桓公对此很忧虑，问管仲（春秋时政治家，齐桓公尊称他为"仲父"）该怎么办。管仲说：您想制止这种情况，为什么不带头不穿呢？第二天上朝时，桓公看见有穿紫衣服的人就说：离我远点，我不喜欢紫衣那种气味。当天，朝廷官员都把紫衣服换掉了；第二天，都城中就没有穿紫衣服的了；第三天以后，整个齐国都没有穿紫衣服的了。对此，韩非子不以为然。他说，国君是一国之主，他想穿什么就穿什么。至于反对别人穿紫衣服，这样传令下去，谁还敢抗拒不遵？

如果不是以法为尺度，而是像儒家所要求的那样，根据一个人的品德操守去选拔人才，那事情就难办了。因为品德操守是虚的东西，无法以明确的尺度加以衡量。每个人都可以装得善良，每个人都可以表现得很高尚。若君主被儒生们那动听的言辞所迷惑，抛弃以法量人的原则，而根据名声或学问取才用人，臣下就会荒废职守，一心一意拉关系，找门道，自我标榜，相互吹捧，而把国家和君主的利益抛到九霄云外了。

法治的理想

韩非子相信，只要全面而有效地实行法制，社会就能安定，国家就会富强。即使老弱病残也能安宁地生活不遭伤害，正如盲人在平地上行走不会遇到危险。因而，与将来的圣王统治下的法治社会相比，俗人们所津津乐道的五帝三王的圣德大业，就显得无足称道了。他说：英明的君主治理下的国家，没有什么典籍文献，以法典作为民众的教材；没有人称道什么先王的教诲，执法之吏就是民众的老师；没有人仗剑横行逞私斗之强，而以上阵杀敌作为勇者的本分。因而，一国之内的民众，其言语谈论必定以法律为依据，所作所为都以建立功业为目标，有勇力的人都聚集于军队之中。

这样，如果没有战事则国家富裕，有了战事则军队强大，这就是成就王霸之业的资本。积聚起了成就王业的资本，安心等待敌国的可乘之机，则超越五帝三王的霸业，就指日可待了。只有"法"才能达成这样的目标（参见《五蠹》）。可见，韩非子真诚地把"法治"看作治疗时代沉疴的唯一有效的药方。

以上关于法治的理论，都是韩非子针对现实所提出的主张。然而，一个思想家是不会为环境所封闭的。通天人之际、究古今之变的大气度，使他自然而然地把目光投向朦胧的远方。于是，他为我们勾画了一幅法治社会的理想图景。

前面我们已经说过，韩非子主张"以道全法"，由此再进一步，就是"归法于道"了。这正是韩非子的法治理想。道是虚静无为的，它舒卷自如，往来无迹，在不知不觉中创造着世间万象。完美的法治，也应当呈现这种境界。在《大体》一文中，他满怀激情地描述了理想中的社会：

> 寄治乱于法术，托是非于赏罚，属轻重于权衡。不逆天理，不伤性情；不吹毛而求小疵，不洗垢而察难知；不引绳之外，不推绳之内；不急法之外，不缓法之内；守成理，因自然，祸福生乎道法，而不出乎爱恶；荣辱之责在乎己，而不在乎人。故至安之世，法如朝露，纯朴不散，心无结怨，口无

烦言。故车马不疲弊于远路，旌旗不乱于大泽，万

民不失命于寇戎，雄骏不创寿于旗幢。

这种理想的表现即"上下无为"：法令制度都健全并完善了，它合于天理，不逆性情，像云行雨施一样作用于人间社会。法的观念深入人心，老百姓一举一动都合乎规定，因而没有犯罪之忧，没有争战之患。君主在上面高枕无忧，下边各级官吏都安守本分。刑罚放在一边不用，然而社会谐和，政治清明，像水一样顺势流淌，像船一样随波起伏。

这是多么美妙的图景啊！然而，这不过是一种巫师式的自我陶醉的痴语罢了。因为在韩非子的理论中，法治的实施是以对民众的彻底剥夺为前提的。法即君主的意志，民众必须无条件遵守。韩非子对法治图景的充满诗意的描绘，不过是在阴沉冷酷的封建专制统治的天空上，抹上几道虚幻的光辉罢了。

最后，对韩非子之法治思想的历史意义作一个简单评价。首先，它的进步作用是非常突出的，主要体现于以下几点：（1）对法家思想进行了理论化、系统化的提升和改造，使之成为与儒家德治思想互为表里又相辅相成的、中国传统政治思想的两大主流之一；（2）用进化历史观来宣扬改革求治、变法图强，符合了当时社会最迫切的现实需要，为正在兴起和形成中的专制主义中央集权提供了切实有效的理论指

导，成为秦始皇一统天下的有力思想武器；（3）弘扬了"法律面前人人平等"的法治精神，对于清除贵族特权、纠正以血缘等级制为基础的人治传统、推动社会法律制度的进步作出了重要贡献。但同时，它的局限性也不容忽视：一是迷信"严刑峻法"，刻薄寡恩，不在乎人民大众的权利欲求和忍受力，势必导致普遍的抵触、仇恨从而引起激烈的反抗。韩非子不明白，任何政体都有赖于民众的认同与合作，一味高压只能适得其反。《老子》有言："民不畏死，奈何以死惧之？"当老百姓穷困潦倒到死也不怕的地步，法律就失效了。二是迷信法制自我运行的功能和君主权势的威力，过分强调君主与大臣和贵族的对立而忽视了两者之间的互相依存，导致君主成为高高在上的孤家寡人，难免蔽于臣下而众叛亲离的结局。三是一切为现实服务的急功近利性与统治阶级的长期统治期望不相吻合。这些局限性决定了韩非子的法治思想可以取成效于一时，不能谋利益于长远。

第 11 章

关于势的思想

一棵大树，倘若生在深谷，则没有多少人知道；如果处在高山之上，则下临深溪上接云天，四面八方的人都能看得见。前者默默无闻，后者气势非凡，只是由于所处的地位高低悬殊。同样，君主之所以使举国仰望，万民慑服，并不是因为他们的才能和品质的卓越，而是因为他们的地位使人敬畏，他们的宝座处于万民之上。这种地位上的差距，就是势。

势 的 意 义

韩非子认为，势自然会产生一种威慑力，使人不得不畏服，君主权力的奥妙正在这里。势是权力的根源和保障，失去了势，也就无所谓权了。君主凭一人之力统治天下，就在于他的地位是独一无二的，就在于他拥有的势本身就具有一种压倒一切的威力，因此，要维护君主的统治，最简单有效的手段就是要强化君主独具的势；同样，能够充分运用势的威力，就能够达到强化君主专制的目的。因而他说：重达千钧的货物，借助船也可以浮起来；深达万丈的涧谷，有了绳也可以测量出深度；即使才能平庸的君主，凭借势力可以统治万民，维持平安。

首先，韩非子强调，势是君主统治臣民的根本："势者，胜众之资也。"（《八经》）他说，马牛能引重车致远道，靠的是它们的筋力；君主能征诸侯制天下，靠的是他的威势。君主的威势就是他的"筋力"，君主没有了"威势"就如同牛马没有筋力一样无所作为。韩非子还把君主的"势"比作虎豹的爪牙，认为君主失势受制于臣下，就如同虎豹失去爪牙受制于狼、狗："今大臣得威，左右擅势，是人主失力。人主失力而能有国者，千无一人。虎豹之所以能胜人、执百兽者，以其爪牙也，而使虎豹失其爪牙，则人必制之矣。今势重者，人主之爪牙也，君人而失其爪牙，虎豹之类也。"（《人主》）

其次，势也是君主保护自己不被臣下侵犯的保障。他说，鱼儿深潜水底，就能自由自在，确保自己的安全，一旦脱离了深水的保护，落入浅滩，就只能乖乖地受人摆布了，所以老子说"鱼不可脱于渊"。同样，君主一旦失势，就什么也没有了，想挽回局面绝无可能。赵武灵王在位二十七年，征战南北，开疆拓土无数，可谓英雄一世，然而，他过于轻率地把君位传给小儿子，结果导致公子成和大臣李兑叛乱，自己已成孤家寡人，束手无策，被幽闭在沙丘宫，活活饿死。另外，齐简公的权位被田常篡夺，晋国的土地被六卿瓜分，这样的例子实在太多了。旅人出门在外，一定不能离开辎重——装载行李和食物的大车。对君主而言，"势"就是关系其身家性命的辎重啊！

再次，势是实行法治的前提和保证。韩非子说："君执柄以处势，故令行禁止。"（《八经》）法制的推行繁而且难，然而因势则便，乘势则利。人们在打猎时，坐在良马驾驶的大车上，不用费劲就能赶上野兽。如果将车马放在一边不用，只凭自己的脚下功夫，即使像楼季那样善于奔跑，也难以有所捕获。充分发挥"势"的功效去推行法制，就如同驾驭轻快的战车追逐野兽，用力少而成功易。现在有些君主，不凭借自己的威势，利用赏罚手段来统驭百姓，却要以身作则、推行仁政教化，这不等于放弃车马不用，而凭借自己的双脚去追赶野兽吗？

在《有度》篇中，韩非子这样描述善于"任势"的君主统治下的安平局面：先王据守秩序的枢纽，因而法令简约，却不会遭受侵凌。他一人统治四海之内，聪明的人没法施展他们的诡诈，巧辩的人不能显摆他们的口才，奸邪的人找不到作恶的凭借。远在千里之外的官吏，不敢言而无信；近在宫廷的侍臣，不敢蔽善饰非。群臣忠心耿耿，齐心协力拱卫君主，即便个别人心怀异端，也不敢逾越本分。君主端拱在上，清静无为，而天下晏然。

势的概念是法家的先驱者之一慎到先提出来的，他第一次把势看作政治中的一个要素。在慎到生活的时代，儒家思想对各国诸侯很有影响，儒家劝说君主们通过推行王道仁政来统一天下，慎到对此进行了批驳，他说：龙在云中遨游，腾蛇在雾中起舞，一旦云消雾散，它们就掉在地上，同蚯蚓蚂蚁一样了，这是因为它们失去了飞行的凭借。尧舜才德兼备，但作为一个普通人，他们连三家也管不了；夏桀是一个无能昏君，高居宝座之上，整个天下都不敢违背他的意志。可见贤知是不足仰慕的，只有势位才值得依赖。当尧舜只是一介匹夫时，即使他们挨家挨户地劝说，一人一人地开导，也没有多少人听他们的。而当他们称王天下时，就能有令则行，有禁则止，可见贤能才智也是依靠权势地位的。

当时有人反驳慎到：飞龙和腾蛇在云雾中遨游，是托于云雾之势，但有云雾之势而能在其中遨游，正是由于龙蛇才质优异。云再浓、雾再厚，蚯蚓、蚂蚁也飞腾不起来，可见关键还在于用势者本身的素质。就势位而论，尧舜用它就天下大治，桀纣用它就大乱天下；世上好人少而坏人多，倘若仅仅凭据势位治理天下，那天下太平的时间就太少了，而天下大乱的时间就太多了。把势位提供给桀纣这样的暴君，不是为虎添翼吗？慎到以为仅依靠势位就可以安治天下，不也太浅薄无知了吗？假若将国比为车，权势就是驾车的马，使尧舜驾驭它，就能平安无事地前进；使桀纣驾驭它，就难免发生颠覆之祸。可见，是贤人执政还是坏人掌权，这才是国家治乱的根本。要想赶上飞快的马，到达远方，不知道任用驾车能手；要想兴利除害，安抚众生，不知道任用贤能之人：那岂不是南辕北辙？如何能达到目的？

对于这两种截然不同的意见，韩非子都不赞成。韩非子把势分为两种，一种是自然之势，是由君主的地位自然产生的，可称为位势；一种为人设之势，是人为造成的，可称为威势。韩非子更重视后者。他说：慎到以为凭借势位就可实现政治的安定，又有人认为一定要等贤人出来才能治理好天下，这都是一偏之论。尧舜降生于世而处在君位上，天下就治，桀纣降生于世而处在君位上，天下就乱，这都是自然之势使然，不是人们所能安排的。关键在于如何运用势，如何发挥势的威力。仅仅任用自然之势，要想天下太平，只能等待圣人出世了。像尧舜这样的圣贤，像桀纣这样的暴君，都是几千年才出现一个。讨论问题时，不是唐尧虞舜，就是夏桀商纣，这不是趋于极端的议论吗？这不意味着，除了甜蜜和苦菜，世界上就没有其他的味道了？世上的君主，绝大多数是中才。要讲势，就得为中才考虑才行。中等水平的君主，固然不及尧舜，但也不至于成为桀纣。他们掌握了法度，据有势位，就能安治天下；背离法度，丢掉势位，国家就会陷于混乱。把法、术、势三者结合起来，以法、术用势，以法、术强化势，这种能动的势就叫作"人设之势"。善于掌握人设之势，就等于良马拉着坚固的大车沿着宽阔的驿道前进，即使一般的驭手操纵，也能日行千里，何必要等古代的造父、王良？造父、王良岂能再生？

把社会的安治寄托于圣贤的出现，这是一种美好的愿望，但毕竟是不切实际的。海里的水取之不尽，但怎能用来扑救眼前的大火？假如有人已挨饿多天了，哪有耐心等待美食佳肴？如今孽海横流，苍生倒悬，一片水深火热，如果仍痴心妄想等待圣君出现，岂不是坐以待毙？

况且，老百姓只是趋利避害和自私的一群，仁义不能感召他们，只有威势才能使他们服从。孔丘是千载少见的圣人，他周游列国，一生都在宣扬仁义之道，悦服他的学说而跟从他学习的，也不过七十多人而已。鲁哀公只是一个很平凡的君主，然而整个鲁国的民众，包括孔子在内，没有一个敢表示不臣服的。若讲仁义，哀公得追随孔子，然而实际情况是，孔子不得不向哀公表示臣服。哀公凭借的是什么，不就是他作为一国之君的威势吗？现在有些人总是极力劝说君主实行仁政，认为那样才能称王天下，这岂不等于要求君主都像孔子一样智慧，而天下民众都如孔子的门徒一样贤明吗？那岂不是痴心妄想？民众像小孩子一样冥顽不化，君主推行法制，明明对他们有好处，他们却总是一个劲地抱怨，你怎能期待他们突然开窍，变得通达事理呢？

用 势 之 道

既然势是君主之所以为君主的首要条件，君主就应当注意维护它，不能丝毫被臣下侵犯。君主必须善于维护和运用"势"的威力，处势不移，作势不懈。

一、处势不移。君主要大权独揽，严防威权被臣下借用，更不能主动与臣下分享，这叫"处势不移"。

韩非子强调，"国之利器，不可以示人"，君主的威权，不可以让臣下染指。这是因为，臣下以智、力与君主相交易，必然地通过朋比为奸、欺上瞒下等不法手段获取最大利益。一旦让他们分得了君主的权势，里里外外就会有很多人依附他们，君主就有被架空、被操纵的可能。韩非子讲了个有趣的故事，说明被蒙蔽的君主不仅是危险的也是可悲的：燕国有一个叫李季的，喜欢外出游历。他的妻子在家里与人私通。有一天，当他的妻子正与情人幽会时，李季突然回来了。情人被堵在内室里，李季的妻子惶恐不安，问旁边的婢女怎么办。婢女说，让公子赤身裸体、披头散发，径直从大门出去，我们都咬定什么也没有看见。那位公子接受了这个主意，旁若无人地扬长而去。李季非常纳闷，问：刚才是谁从我旁边走过去了？李季的妻子和婢女们都说：我们什么也没看见呀。李季很惊诧，说：怎么回事？难道我活见鬼了？大家接着话茬，异口同声地说：肯定是你撞见鬼了，青天白日的哪有什么人呀！李季害怕了，赶紧问：那怎么办呢？他妻子说：把猪、牛、羊、鸡、狗五种禽畜的粪便搅在一起，涂在身上，就能免除灾殃。李季只好同意。结果这个冤大头被涂了一身臭屎。

讲完这个故事后，韩非子警告说，君主如果被臣下架空，就不是被涂一身臭屎的问题了。一旦成为孤家寡人，身家性命操于他人之手，就后悔莫及了。楚国的州侯做宰相时，独断专行，国王左右的人都被他收买和控制，结果楚王成了对州侯言听计从的傀儡。有一次楚王对州侯的做法产生了怀疑，问身边的人怎么回事，身边的人众口一词替州侯辩护。楚王成了瞎子、聋子，像牌位一样被供了起来。与鲁昭公相比，楚王的命运还算不错的：鲁昭公荒政失势，导致贵族孟孙氏、叔孙氏、季孙氏坐大成患，最终三家联合起来控制了鲁国的政权，鲁昭公被逼出走，客死他乡。

"处势"的另一个原则是"威权独专"，不与臣下分享。韩非子说，一个鸟窝里不能有两只成年的雄鸟，一个鸟窝里有两只成年的雄鸟，它们就会相互争斗；一个家庭里不能有两个主事的，一个家庭里有两个主事的，下边的人就会无所适从。王良、造父是古代有名的驭手，他们驾驶起大车来都出类拔萃。然而，如果让他们同驾一辆大车，拉车的马就会不知何去何从；田连、成窍都是弹琴的高手，然而如果他们同弹一张琴，肯定难以演奏出美妙的音乐。同样，君主和臣下也不能共国而治。

"威权独专"最重要的一条就是牢牢掌握处罚和奖赏之权。在《喻老》篇中，韩非子说："赏罚者，邦之利器也，在君则制臣，在臣则胜君。"赏罚是针对人自私自利的本性制定的控制手段，失去了这个手段，就如同驾驭车马失去了笼头和鞭子，本领再大也无所作为。君主之所以是君主，在于他能够拥有和支配整个国家的物质财富和暴力机器，失去了对国家物质财富和暴力机器的支配权，君主也就成了凡夫

142

一个，没有谁还会听从他调遣。韩非子援引了许多历史上的事例，说明赏罚之权就是君主的命脉所系：齐简公时，田成氏掌握了齐国的政柄，他想方设法发展自己的势力，非常注意以宽厚仁惠笼络人心。在朝廷上，经常为同僚或手下请求官爵赏赐；对于一般民众，他经常施舍救济；在自己的采邑，采取大斗放粮小斗收租的办法施恩于百姓；家里的布帛酒肉等，决不挥霍浪费，剩下的就赏赐给手下的人。结果上上下下都依附在他的周围，为他效力，齐国到处都是他的人。齐简公成了众叛亲离的独夫，最终被田常杀了。

宋国的子罕对国君说：奖赏和赐予，是大家都喜欢的，由您来负责；处罚和刑杀是民众所憎恶的，请让我来担当。宋君很高兴地同意了。结果颁布法令、诛杀大臣的权柄都被子罕所据有，整个国家的臣民都听命于子罕，最终子罕杀了宋君，篡夺了政权。

二、作势不懈。在韩非子看来，"势"不仅是一种静态的权威，也是在君主与臣下的较量中动态生成的威慑力。对"势"的维护本身就是"势"不断生成和强化的过程。

那么，应如何采取积极有效的措施强化势，以充分发挥势的威力？韩非子认真探索了各种各样的方法和手段，主要有深藏、独断、兼听等。这些方法和手段在操作的层面上便属于"术"的范围了。在此只介绍韩非子关于"作势""用势"的最根本的一个主张：对大臣特别是重臣的规训和制约。

在《主道》篇中，韩非子总结了大臣蒙蔽和侵凌君主的五种情况，他称为"五壅"：一是"臣闭其主"，指臣下遮蔽君主的耳目，断绝君臣与外界的联系；二是"臣制财利"，指臣下控制了国家财富和资源；三是"臣擅行令"，指臣下夺取了颁布法令、制定政策的行政权力；四是"臣得行义"，指臣下利用手中掌握的财富收买民心；五是"臣得树人"，指臣下培植私人势力，与君主分庭抗礼。韩非子强调说："臣闭其主则主失位臣，制财利则主失德，臣擅行令则主失制，臣得行义则主失名，臣得树人则主失党。"这些都是人主理应独擅的权柄，倘若被臣下操纵，则祸国篡权便势所难免了。

既然大臣是君主最主要的对手和潜在的敌人，自然就是君主所防范和制御的对象。首先，君主要掌握对于大臣的生杀予夺之权，把他们的命脉牢牢操纵在自己手中，使他们只能仰赖于君主才能生存。因而君主不能让臣下富强，臣下富强了就不再把君主放在眼里，并且会培植私人势力，与君主分庭抗礼。韩非子打了个比方说，养鸟的人要把鸟的长翎毛剪短，使它们必须仰仗主人才能有东西吃。英明的君主蓄养臣下应当采取同样的办法，让他们离开了君主给予的俸禄就无以为生，离开了君主赋予的职责就无事可干。那样他们才会乖乖地听从调遣。故而韩非子在《扬权》中称："有道之君，不贵其臣"，因为"贵之富之，备（必）将代之"。意思是一旦让臣下贵可凌君，富能敌国，臣下就会取君主而代之。在韩非子看来，君主和臣下不同类，君主是虎，臣下是狗。富贵是君主的本分，是君主权力的源泉，臣下的富贵只能通过服务于君主取得，并且必须保持在适度的范围内。倘若让臣下既富且贵，分走了君主的威势，那狗也就变成老虎，君主的命令就难以贯彻执行，君主的处境就危险了。

其次，要随时剪除重臣的党羽，限制其实力的发展。韩非子认为，要防止重臣坐大成患，就应当像修剪树木一样，及时清除其私人势力。一棵树，只有不断剪去杂枝，才能保证其既正且直；如果放任不管，任其枝繁叶茂，想施以刀锯也无可奈何了，因而对有可能危及君主地位的大臣，一定要及时地"散其党，收其余，闭其门，夺其辅"（《主道》）。同时，要像填平水池一样，剥夺大臣聚众的资本。如果池水既深且清，前去汲取的人就会很多；及时把大臣的"水池"填平了，民众就只能到君主那儿讨水喝。在这里，"水池"显然是指赋税和兵员比较充足的城镇和社区，是国家命脉所系，应当控制在国君手里。所以韩非子又说，大臣俸禄再高，也不能享有对城市的征税权。总之，在他看来，对大臣"数（屡次、不断地）披其木，毋使枝茂"，且"填其渊

145

洇，毋使水清"，君主的威权才不会被臣下分享，君主的命令就能像滚过九天的震雷一样令人敬畏。一旦让大臣羽翼丰满，形成气候，再想除掉就不容易了。有一次齐桓公问管仲："治理国家，最可忧虑的是什么？"管仲回答："是社坛里的老鼠。"社坛是用木头建成的，木头上用泥涂抹，老鼠在里边打洞安身，若用烟火熏，怕把木头烧坏；若用水灌，怕把墙泥泡落，因此毫无办法。君主左右的宠臣一手遮天，到地方上则作威作福，在朝廷上则狼狈为奸，欺蒙君主。不加诛杀，则他们败法乱纪；绳之以法，则会导致反叛和暴乱。他们也就是危害国家的"社鼠"啊！社鼠猖獗，君主威势全无，还谈什么致国家于太平？

关于限制大臣发展私人势力的具体措施，韩非子主要提了以下几条：第一，禁止大臣结党营私。在《爱臣》篇中，韩非子主张"人臣处国无私朝，居军无私交"，即要求大臣不论什么情况下都要公事公办，不能建立任何私人关系。第二，禁止大臣树德市恩，收买民心，即"其府库不得私贷于家"（《爱臣》）。为了加强自己的观点，韩非子特意把儒家的圣人孔子拉出来为自己张目。他说：季孙氏做鲁国的宰相时，孔子的学生子路作为季氏的家臣为季氏管理郈邑。当时鲁国要发动民众挖一条很长的沟渠以防治水患。在工程开始前，子路拿出自己的禄米在大街上招待参役的民工。孔子听说后，派遣子贡去把水饭倒掉，把盛饭的器皿打碎。子路很恼火，跑去质问孔子，说：您一直教导我们对民众要施恩德行惠政，我用自己的禄米请民工吃饭，这难道有什么不对吗？孔子很生气地责骂子路：你太放肆了！我以为你明白其中的道理呢，谁知你竟然一窍不通！你忘了礼制是怎么规定的？礼制规定，天子爱顾全天下的民众，诸侯关心自己境内的臣民，大夫保护自己管理的属下，士人赡养自己的家人。每个人都有自己的本分，超过了本分就是侵权！这些服役的民工都是鲁君的臣民，你对他们施予恩惠，难道不是侵犯了君主的权威？孔子话音未落，季孙氏派遣的使者赶到，责备孔子说：我发动民众挖掘沟渠，是为了树立自己的威信，你指使子路请民工吃饭，这不是与我争夺民心吗？孔子无言以对，只得离开了鲁国。

第三是禁止大臣建立私人武装，储藏和携带超过正常需要的兵器。韩非子强调，大臣"党与虽众，不得臣士卒"，"不得四（通'驷'，指兵车），不载奇（不正常的）兵。非传（驿站）非遽（驿车），载奇兵者，罪死不赦"（《爱臣》）。

第四是对那些确实桀骜不驯的权臣，应采取严厉的措施，甚至非正常手段，坚决除掉，以免后患。谈到重臣对国家的危害，韩非子讲了一个故事：宋国有个姓庄的酒家，做的酒甘美可口，对顾客的服务热情周到，但他做的酒往往放酸了也卖不出去。主人困惑不解，问别人是怎么回事，有人告诉他：你家的狗太凶了，像老虎一样可怕。有时人们叫小孩子去买酒，狗一叫，孩子就吓跑了，只好去买别家的。不把猛狗杀了，恐怕你家的酒还得酸下去。

韩非子评论说，"亏法利私"的奸邪大臣也是君主身边的恶狗。因为他们的存在，君主遭蒙蔽、被胁迫，君命难以下达，民意不能上通，那些有志于改革弊政以求富国强兵的有道之士得不到施展的机会，国家政治怎能不腐朽衰败呢！所以，在《外储说右上》篇中，韩非子直截了当地宣称："势不足以化则除之。"即对那些施与奖赏和赞誉却不知劝勉、加以惩罚和贬斥却不知畏惧的顽固分子，应当毫不犹豫地以暴力手段进行肉体消灭。除了"有伪必诛""罪死不赦"，以法律手段严厉镇压外，还可以采取毒药、刺杀等非常规手段："名实当则径之（直接采取法律措施）；生害事，死伤名（处死他则有伤君主的名声），则行饮食（用毒药）。不然，而与其仇，此谓除阴奸也。"（《八经》）总之，在韩非子看来，出于维护君主权威的目的，采取什么办法都是合理的。

为了说明大臣成势而不除的祸害，韩非子讲了晋厉公被诸卿处死的教训：晋厉公之时，晋国有六个贵族既富且贵，几乎把持了晋国的政局。厉公的两个近侍，一个叫胥僮，一个叫长鱼矫。他们向厉公进言：大臣据有高位，操持了权柄，对外结交敌国引为外援，在内假公济私违犯法纪，与国主分庭抗礼，甚至胁迫君主逞其私欲，一个国家处在这样的状况却不败亡的，还没有听说过。晋厉公说：有道理。看来我得采取措施了！于是借故诛杀了六卿中的三个。胥僮和长鱼矫又进谏说：对犯同样罪过的大臣，只杀掉其中的几个，这是使留下的心生怨恨和恐惧、给了他们作乱的动因，又给他们留下了作乱的机会啊！厉公说，我一个早晨就杀了三个重臣，不忍心赶尽杀绝啊！长鱼矫回答说：您不忍心把他们除掉，他们将忍心对您下手啊！厉公还是没有听取长鱼矫的建议。三个月后，三卿发动叛乱，杀掉厉公，瓜分了晋国的土地。

韩非子还强调，"善持势者，早绝奸之萌"（《外储说右上》），即是说君主能防微杜渐，将臣下种种行奸作乱之事消灭在萌芽之中，才算善于保持自己的威势。韩非子认为，臣下对君主的侵犯，是像缓坡一样逐渐形成的。人们沿着斜坡步行，不知不觉就会走到高处，然而，倘若迎面碰上悬崖峭壁，本领再大的也难以翻越。因此，君主必须断然清除大臣侵犯君主的斜坡和台阶，像悬崖峭壁一样挡住野心家的去路。韩非子总结了历史上的经验教训，说，根据春秋记载，臣弑君、子杀父的案例不下几十起。这些事件都不是偶然发生的，都经历了一个"渐积"的过程。大凡奸邪之人犯科作乱都是处心积虑，日久成患，一旦势力养成，谋害君主的事变就在所难免了。因而，君主绝对不能信爱臣下，信爱臣下会使他们轻狎放肆，最终导致侵权凌主。臣下对君主，本来并没有天然的骨肉亲情，他们只是受制于权势才不得不听命。君主了解这一点，就应当毫不犹豫地放弃仁爱之心，而加强威严之势，一旦发现臣下有不轨的苗头，就应当以雷霆万钧之势予以镇压。

在《外储说右上》篇中，韩非子讲了这样一个故事：齐景公到晋国去访问，与晋平公饮酒，师旷（晋国的太师）陪坐。因为师旷是有名的智者，宾主刚坐定，景公就向他请教：关于治国理民，希望太师不吝赐教啊！师旷回答：您只要对老百姓好一点就行了。酒过三巡，大家喝得正高兴时，景公又问：太师有什么指教寡人的吗？师旷回答的还是：您只要对老百姓好一点就行了。酒喝完，景公要回住处，师旷陪送，景公再次说：还是请太师给我提提建议啊！师旷仍然回答：您只要对老百姓好一点就行了。景公回去后，一直在琢磨师旷话里的含义。酒还没有醒，就想明白了：自己的两个弟弟公子尾和公子夏，富贵的程度可以与公室相比拟。靠了雄厚的财力，他们两个经常对民众施行小恩小惠，老百姓都乐意归附他们，这早晚会动摇我的权位啊！师旷让我施惠于民，是提醒我和两个弟弟争取民心啊！回国以后，景公拿出仓库里的粮食发放给没饭吃的穷苦百姓，把府里的钱财分施给无依无靠的老弱鳏寡；仓廪中没有陈年的粮食，府库里没有多余的财物。宫中的女人未获临幸的都遣散出去让她们嫁人，七十岁以上的老人都可以到公家领取禄米。结果齐国的民众都离开了公子尾和公子夏而归依景公。两年以后，两人在齐国再也待不下去，只好流亡到国外。

对此，韩非子评论说，景公不懂用势的道理，师旷不知除患的手段。君主理应唯我独尊，支配一切，怎么可以跟臣下并驾齐驱、争短较长呢！发现公子尾、公子夏图谋不轨，利用自己拥有的威权把他们除掉就是了，何苦去行所谓的惠政争什么民心！这就像打猎，配备快马轻车，由王良这样的高手来驾驭，追逐野兽易如反掌；将车马弃置不用，靠了自己的双脚去跟野兽拼速度，不被野兽伤害就不错了，还能有什么作为呢！英明的君主之所以英明，就在于他能居高临下，因势乘权，使臣下永远像狗马一样唯命是从。英明的君主，依仗的不是臣民对他的爱戴，而是臣民对他不得不拥戴。他高高在上，将臣民的生命操在手中，臣民则跪伏在地，诚惶诚恐地仰视他，乞求他的恩典。他不用费心劳神，整个天下都不得不为他而视。不得不为他而听。他像千丈高山，自然而然丘峦聚拥，风云际会；他是万里大海，自然而然川流汇聚，江河依归。

为了维护君主的威势，使之不受侵犯，韩非子主张严明法制，建立明确的等级名分，任何人不得有所僭越。君主即使昏庸无道，以势乱天下，臣民也不能犯上侵凌。鞋子再新也不能戴在头上，帽子再破也不可穿在脚上；君主无论如何荒唐也是万民之主，臣下无论多么贤能也只能供君主驱使。

我们知道，早期儒家思想中有一个较为进步的内容，就是主张暴君可伐。他们把商汤灭夏桀，周武灭商纣奉为美谈；把商汤、周武尊为千世不遇的明君圣主。对此，韩非子极为反对，他说，商汤和周武作为臣子杀害了他们的君主，甚至对君主的尸体也处以刑罚，不是地地道道的乱臣贼子吗？天下人却一致称誉他们，把他们看作效法典范，这难道不正是天下至今难以治理的原因吗？韩非子甚至认为，臣下以先王作为君主的楷模而加以颂扬，实际上就是对当今君主的诽谤，应当从严问罪。儒家以忠孝相标榜，实际上他们不过是为自己涂脂抹粉谋取私利罢了，他们算什么忠臣孝子？只有那些守法尽职，全心全意侍奉君主的人，才是真正的忠臣。

韩非子的用势理论充分体现了其绝对君主专制主义的政治思想，国君成为国家政治的中心和目的。所谓势治，就是极力贬低臣民，同时极力抬高君主，强化君主的神圣性，使臣民不仅在行动上，而且在精神上，成为服服帖帖的奴才。在韩非子看来，国君有权，只是因为有势，这样君权从自己那里找到了依据。它既不是来自上天的意志，也不是出于民众的拥戴，因而没有什么能制约它。这样君权必然会无限膨胀，超越一切；国君必然会自我孤立，成为独夫民贼。在当时由分裂走向统一的历史条件下，这种理论有其存在的合理性，然而，从长远的眼光看来，它的反动实质也是毋庸置疑的。

第 12 章

权 术 大 师

　　术是韩非子政治思想中一个非常重要的内容，指的是君主统治臣下的手段。它包括两个方面：第一个方面可称为阳术，是君主公开考察臣下的办法，韩非子称之为"刑名术""课能术"；第二个方面可称为阴术，是君主暗地里驾驭臣下的手法，韩非子称之为"潜御术""权术"。

术的理论依据和意义

　　韩非子全面发展了申不害的术治思想，可谓中国政治思想史上空前绝后的权术大师。需要指出的是，他并没有把术看作难以登大雅之堂的纯实用主义的伎俩，而是以一种非常严肃的学术的态度来探讨术的意义和内容的。

前面已经提到，韩非子政治思想的理论依据主要有两个：形而上层面的道论和伦理层面的自然主义人性论。这当然也是韩非子术治理论的根据所在。前者提供了术治的必然性，后者提供了术治的必要性。

在韩非子看来，作为万物的根源，道是独一无二的："道无双，故曰一。"（《扬权》）同样，作为人间秩序的原点，君主也是唯一无匹的。因而"君臣不同道"：臣之道有为，在于奉法治民，效力建功；君之道无为，在于以简驭繁，尽人心力——即通过驾驭群臣统治全国，因而"术"是为君之道里边不可或缺的内容。故《定法》有："术者，因任而授官，循名而责实，操生杀之柄，课群臣之能者也。此人主之所操也。"君主之所以必须以"术"来制御臣下，是因为他是以"一"对"多"：一人之力不足以敌万众之力，一己之智不足以知万物之情，因而君主必须"因物以治物"，"因人以知人"（《难三》）。在国家政治实践中，"因人以知人"主要指的是通过制御官吏来治理民众。韩非子把吏和民的关系比喻成渔网的纲和目的关系，说："善张网者引其纲，若一一摄万目而后得，则是劳而难，引其纲而鱼已囊矣。故吏者，民之本纲也，故圣人治吏不治民。"（《外储说右下》）意思是"吏"是君主统治之网上的"纲"，君主只要抓住了纲，就能以一驭万，网罗众生。倘若自恃聪明与官吏们同职共事，较长比短，不仅劳而无功，且有被侵凌之虞。《难三》篇讲了这样一个故事：郑国的执政子产机敏善断。有一次他外出查访，听到一个妇人在哭自己死去的丈夫，声音有点怪。子产抚着驭者的手，仔细听了一会儿，发现那哭声里没有悲戚之感却有恐惧之情。于是子产派人把那妇人抓来审讯，结果查出正是那妇人把她丈夫勒死的。当时人们对子产赞赏有加，认为他智慧过人，是一个难得一遇的执政者。韩非子却另有看法。他说，像子产这样来治理一个国家，也太麻烦了吧！如果只是靠了自己的眼目去了解情况，则郑国的奸人能有几个被抓捕归案啊！不任用侦查和断狱的官吏，不采取比照考核的方法，不确定衡量事物的标准，靠了役使自己的心智去纠察奸邪，不正说明治国无术吗？

　　韩非子认为，人类自私自利的本性和"臣主异利"的现实提供了术治的必要性。他坚信君臣之间只是一种"主卖官爵，臣卖智力"的交易关系，君臣之间的利害冲突是无论如何不可避免的。他说，君主希望根据才能任用官吏，臣下喜欢没有本事也能掌权；君主利在根据功劳授予爵禄，臣下利在没有做事也能取得富贵；君主希求搜罗豪杰之士并使他们发挥才能，臣下热衷结党营私谋取厚利。因而国势削弱则私家富强，主上卑微则大臣贵重。这就是为什么大臣总是想尽办法欺蒙君主、谋取私利，君主和大臣之间的战争永无宁日。因而，君主要使臣下心甘情愿为自己效力，不能依仗仁爱、信义之类使之不忍欺骗，而要依靠权术使之不能、也不敢欺骗，这就是所谓"恃术而不恃信"（《外储说左下》）。晋文公攻克原这个地方后，打算让箕郑（晋国大臣，曾追随晋文公流亡）来管理。他说，箕郑宁愿自己忍饥挨饿，都不动一下我的饭，因此他绝不会凭借原城背叛我。当年晋文公流亡在外时，箕郑携带饭和水跟随，有一次因为迷路与文公失散，饥饿难忍，甚至坐在路边哭泣，也没有动用给文公准备的饭，因此文公认为箕郑绝对是忠诚可靠的，故而决定让他担任原城的长官。对此，韩非子评论说：因为在饥饿的情况下没有食用君主的饭，就认定他不会凭仗原城反叛，这也太没主意了吧！一餐饭和一座具有重要军事价值的城怎么能相提并论？英明的君主，不依仗臣下不背叛自己，而依仗自己是不可背叛的；不凭恃别人不欺蒙自己，而凭恃自己不可欺蒙！这其中的关键是，要治人有"术"啊！

韩非子强调，如果君主无术驭下，不是被玩弄心思的狡猾者欺骗，就是被迂腐的、所谓"有德之人"所蒙蔽："无术以任人，无所任而不败……任智则君欺，任修（品德高洁之人）则君事乱。"（《八说》）相反，如果君主用人有术，就能克制奸邪之徒的野心，发挥有为之士的智能，使智者尽其虑、贤者尽其才，就像让鸡负责报晓，让猫负责捕鼠，让狗负责看门一样，人人尽其所能，事事井然有序，从而造就"明君无为于上，群臣竦（肃敬）惧于下"的安治局面。

刑 名 术

名指事物的名称、名号、名分，具体落实到官吏，是指他们的职位，以及与此职位相关的责任、义务等；形指他们的所作所为。刑名术的中心内容是"循名责实"和"综合名实"，前者指君主考察臣下是否已做了应当做的，后者指君主考察臣下所已做的是否符合应当做的要求。韩非子认为，考察臣下的指导原则，就是听其言而观其行，臣下的言论不能超越职权，行为不能与言论不符。

刑名术的神髓在于，严格规定臣下言行的界限，不能达不到，也不能有所超越，从而使君主将臣下牢牢掌握在手中。韩非子说，君主控制臣下，最根本的是要做到，无论臣下是进是退，是功是过，都不能失去制约的把柄，都能找到理由加以督责。如果臣下进言超越了本职，或者出言不当，应当加以惩罚；如果臣下闭口不言，想逃避责任，那就是不称职、不负责，也应当加以惩罚。这样，君主不用费什么心思，只是拿着"尺子"比画一下，臣下便诚惶诚恐地尽职尽守了。

名是由法来规定的，刑名术即法术。前面我们已提到韩非子将法作为"量功择人"的标准，其具体运用即"循名责实"，是君主使用和考评人才的方法。关于其主要内容，韩非子在《二柄》篇中是这样说的："为人臣者陈而言，君以其言受之事，专以其事责其功。功当其事，事当其言，则赏；功不当其事，事不当其言，则罚。"就是说，君主根据臣下的保证和承诺授予某种职事，然后根据其职事的义务和责任考核其功效，两者相合，就赏；否则就罚。这就叫"审合名实""综合名实"。具体来说，又分为以下不同层面和情况：

一、"众端参观"。指君主处理问题，应综合各方面情况，参考各种意见。倘若专信一人，偏听一面，则易受蒙蔽，出现臣下"冒功"和"诬能"的情况。在《内储说上》中，韩非子讲了一个"侏儒梦灶"的寓言，说明"听有门户则臣壅塞"的道理：卫灵公时期，灵公对弥子瑕偏听偏信，不把其他大臣的意见当回事，导致弥子瑕在卫国一手遮天，骄横无比。灵公有一个倡优，是侏儒，在有一次见到灵公时说：我今天做了个梦，很不吉祥。灵公问：什么梦呀，说给我听听。侏儒说：我梦见锅灶了。这大概是今天跟您见面的征兆吧。灵公非常生气，说：我听说梦见太阳是与君主见面的征兆，而你却认为梦见锅灶预兆了和我见面！侏儒回答说：太阳光照天下，没有什么东西可以阻挡；君主统治一国，也没有什么人能够遮蔽。所以将要见到君主的人往往梦见太阳。而锅灶，如果一个人堵在口前，后面的人就什么也看不见了。现在是不是有谁把您给蒙蔽了？我在见您之前梦见锅灶难道不好理解吗？

韩非子强调，君主应当像太阳一样，高居万民之上，明察一朝之间。倘若被个别野心家所壅蔽，就像被堵住口的锅灶一样，局促一隅，黯淡无光，甚至有被窒灭的危险。他特意引用历史事实，说明不能"众端参观"的危害性：叔孙在鲁国执掌大权，尊贵而专断。他有一个宠臣叫竖牛，经常以叔孙的名义行事。叔孙有个儿子叫孟丙，竖牛想把他除掉。叔孙为孟丙做了一个钟，做成以后，孟丙不敢擅自敲击。派竖牛去向叔孙请示，竖牛说：我已经替你请示了，说你可以敲了。孟丙于是击钟取乐，叔孙非常生气，说：孟丙竟敢不请示就击钟？就把孟丙赶出家门。一年后，叔孙又令竖牛将孟丙召回。竖牛没有去孟丙那里，却回去告诉叔孙：我要他回来，他不肯，对您依然满腹怨气。叔孙大怒，派人把孟丙杀了。竖牛又以同样的方式离间，使叔孙杀了自己的二儿子仲壬。结果叔孙完全受制于竖牛，最终被竖牛活活饿死。

二、听言督用。指完全以实效为依据判断臣下的主张和建议。韩非子认为，臣下以言论操作君主的招数，主要有拉帮结派制造舆论、驰骋口辩冒功诬能、深文周纳逃罪避过等几种，因而主张君主"听言督其用"，逞才竞智的辩言、夸夸其谈的虚言、模棱两可的副言、空洞其辞的套言、雕琢文华的饰言、固执一偏的党言、诋贤谤能的构言，都在督察和禁止之列。韩非子还特别强调，对臣下的建议和言论，要"论于已变之后"，即根据事实和效果体察言论的当事人是出于公义还是私心。对于那种提出多种建议却不明确自己观点的做法，君主尤其应当留心，因为那意味着臣下把应担当的责任推到了君主身上，所以君主要坚持的原则是："臣不得两谏（同时提出两种方案），必任其一；语不得擅行，必合其参。"（《八经》）韩非子讲了"公子氾议割河东"的故事，说明君主是如何被臣下操弄而自己去承担责任的：韩、赵、魏三国的联军逼近函谷关口，秦王对楼缓说：三国的联军要攻进来了，我打算割让河东之地与对方讲和，你看行吗？楼缓说：割让河东，对秦国来说是一个很大的损失；而能与三国讲和息兵，这又是很大的好处。这样重大的决策，是大王的父兄们应当担承的。为什么不征询一下公子氾的意见呢？于是秦王召见公子氾，征求他的看法。公子氾回答：讲和您会后悔，不讲和您也会后悔。为什么这么说呢？如果割让了河东的土地，三国退兵了，您一定会说：三国本来就已经打算退兵了，我却白白把河东的三座城送给了他们；如果不讲和，三国联军必定攻入函谷关，您肯定非常后悔，说：导致今天这种困局，都是因为舍不得河东三城啊！所以我说：讲和您后悔，不讲和您也后悔。秦王于是说：同样是后悔，我宁愿损失三城而后悔，也不要等国家危亡时才后悔。我决定讲和了。

三、公会以结智。指君主遇事要集中群臣的智慧，先广泛征求意见，然后公开集会进行辩难。韩非子称之为"事至而结智"，"一听而公会"，并且强调"一听"和"结智"要结合起来，不可执其一端。因为，倘若一一征询意见却没有把臣下召集起来集体讨论，则君主就会因为意见不同而犹豫不决，并且由于无法将责任落实到人，最后只得自己承担所有的后果。如果在朝堂之上召集群臣一起讨论却事先没有分别征询他们的看法，则后面发言的人一定贪冒前面发言者的主张，宣称早已考虑在先而居人之功，那样智愚忠奸就分不清楚了。为了保证臣下发表的看法、提出的建议有根有据、切实可行，避免不负责任地乱谈一气的情况，韩非子主张"陈言之日，必有策籍"（《八经》），即将臣下发言的情况记录在案，到时候根据方案实施的效果对建言者进行赏罚："结智者事发而验，结能者功见而论，成败有征，赏罚随之。"（同上）为了加大对建言者的压力，使他们在出谋划策时更加慎重，韩非子甚至主张"事成则君收其功，规败则臣任其罪"（同上），可谓严苛之至。

四、一听而责下。君主必须个别听取臣下的意见，将责任落实到个人，分别加以考核，以免鱼目混珠，滥竽充数。韩非子认为，只有这样才能有效地分辨贤愚："一听则愚智不分（当为'纷'字之误），责下则人臣不参（混杂）。"（《内储说上》）为说明这个道理，韩非子讲了一个滥竽充数的故事：齐宣王喜欢听竽，成立了数十人的乐队为他演奏。有一个姓南郭的处士本来不会吹竽，也想办法混进乐队。大家演奏时，他也模仿别人的动作跟着吹奏，没有人能发现他的破绽，他就凭这点小手段吃君主的俸禄，心安理得地悠然度日。宣王死后，齐湣王继位。齐湣王也喜欢听竽，不过他喜欢听一个一个地独奏。南郭处士混不下去了，只好卷起铺盖溜走。

"一听责下"的目的是避免出现争功争名和扯皮、推诿的现象。为此必须严格划分臣下的职权范围，专职专责。韩非子把韩昭侯标举为"一听责下"的样板：一次，韩昭侯喝醉酒后睡着了，主管帽子的小臣担心他受凉，就给他加上一件衣服。昭侯醒来后，很高兴，问是谁加的衣服，左右回答说：是主管帽子的小臣。昭侯就同时责罚主管衣服和主管帽子的人。责罚前者，是因为他失职；责罚后者，是因为他越职。

韩非子评论说：韩昭侯不是不怕着凉，而是担心臣下越职若不受到警诫，就会造成更大的危害。在英明的君主统驭下，臣下出谋划策不能越过权限，求效建功不能超越本职。

五、名实相当。难能可贵的是，韩非子在行政管理中具有了成本控制的理念，主张通过统计数据来评价功效。在定义什么是"功"时，他说："凡功者，其入多、其出少，乃可谓功。"他把"计其入不计其出"的君主称为"惑主"，认为如果做一件事情的收益不抵成本，则"功小而害大"，"名得而实亡"（以上俱见《南面》）。

因此，韩非子要求在审核名实时，必须使两者完全相符，否则严惩不贷："其言大而功小者罚"，"其言小而功大者亦罚"。这样的规定虽然具有一定针对性，但显然有失拘谨，流于刻薄，其实际效果肯定要大打折扣的。

六、功伐课试。指根据实际事功和阅历选拔、任用官吏。韩非子强调，官吏必须在实际事务的长期磨炼中起来，经过逐级考核得到提拔任用。他说，在英明的君主那儿，宰相都是从地方上提升上来的，猛将都是从士卒之间选拔出来的。没有基层的工作经验，不经过实际事功的考核，是不可以委以重任的。韩非子把君主根据虚名任官看作国家败亡的征兆之一："不以功伐课试，而好以名闻举措，羁旅（指

164

从外国来的人）起贵以凌故常（任职已久的官员）者，可亡也。"（《亡征》）

因此，韩非子主张君主执权衡和规矩在手，根据绩效度量臣下："论之于任，试之于事，课之于功。"（《难三》）反对把众人的毁誉和当事人的口辩作为任用的依据。他说，君主如果缺乏度量臣下的"术"，必定以众人的议论作为论断的依据。众人称扬的，就高兴地接受；众人非毁的，则心生厌恶。其结果是君主丧失评判是非的标准和能力，被臣下所糊弄、所操纵。

七、臣下相进。对于官吏的提拔任用，韩非子主张没必要由君主亲自去考核，而应当由臣下之间相互推举。他说："明君不自举臣，臣相进也；不自选贤，功自徇（顺利）也。"（《难三》）但举贤者应当为自己的作为负责，君主要将举贤者和他推举的人放在一起考察。如果被举荐者的能力得到证明，则双方一起获赏；若被举荐者名实不副，则双方一起受罚。韩非子认为，只有这样，才能保证官员们相互推举时大公无私，为国家找到真正的可用之才。他讲了好多"内举不避亲，外举不避仇"的例子，说明君主有术，则人才易得：晋国中牟这个地方没有守令。晋平公向赵武咨询说：中牟是晋国的战略要地，是邯郸城的屏障，我想找一个能力强的人来治理，谁最合适呢？赵武回答：邢伯子可以称职。平公问：邢伯子不是你的仇人吗？赵武回答说：私人之间的恩怨不能影响君国公务。平公又问：谁最胜任中府令一职？赵武回答：我儿子可以。在赵武死后的丧礼上，他所荐举过的四十六位各级官员都站在宾位上，没有一个以他的私人和亲信自居。解狐推荐他的仇人邢伯柳担任上党的长官。邢伯柳认为解狐不再恨自己了，赶紧登门去拜谢。解狐弯弓搭箭，对准邢伯柳说：我推荐你，这是公事，因为你有能力担任这个职务。你我之间的仇恨，这是私怨，我不能因为私怨堵塞你为国君服务的路子，但我对你的仇恨并没有改变，你赶紧走吧！

八、言默有责。考核的标准太严格了，就可能出现消极怠工的现象：臣下能推则推，能躲则躲，事不关己，便高高挂起——不论议，不请示，不荐贤。为了克服这种弊端，韩非子提出要"言默有责"：如果臣下建言献策，要弄清楚其原委和内容，用实际成效加以考核；如果大臣们明哲保身、三缄其口，则根据其态度和立场加以责罚。这样，人臣既不敢虚说妄言，也不敢缄默塞责。

九、"信赏尽能"。"信赏必罚"是推行法制的根本原则，其意义在前面已有介绍。其实这也是君主统驭臣下的"刑名术"之一："信赏"可以"尽能"，"必罚"能够"明威"。

韩非子认为，君主利禄在握，却不用来诱导民众，等于堵塞了民众求取富贵的途径，就像开了门却不让人走一样，必然导致民众的反对甚至叛乱。以奖赏来驱使臣下，是最容易的办法，因为"重赏之下，必有勇夫"，乃人性本然，自古如此。为强调自己的观点，韩非子讲了吴起转移车辕和勾践礼敬青蛙的故事：吴起担任魏国西河郡的军政长官时，临近秦国边境的地方有一个秦军的哨所。如果不除掉，耕田的老百姓时刻处在对方的威胁之下；要除掉它，又不值得为此动用军队。于是吴起在城的北门外树一根车辕，下令说：谁能把车辕搬到南门外，赏给他良田美宅。一开始人们都不相信，后来有人照做了，吴起果然赏给他良田美宅。不久，又在东门外放了一石红豆，下令说：谁能把这石红豆搬到西门外，给同样的奖赏。这次人们抢着去搬红豆，吴起同样如数兑现了奖赏，然后下令：明天攻打敌人的哨所，第一个攻进去的，赏给良田美宅，外加国大夫的爵位。结果人们争先恐后，很快就把敌人的哨所攻下来了。越王勾践要进攻吴国，希望人人都能拼死杀敌。在行军路上，他从车上看见路边一只青蛙因生气而鼓着肚子，瞪着眼睛，就向青蛙行礼。身边的人问他为什么那样做，他说：因为青蛙有勇气啊！大家听了，知道君主会厚遇有功之士，在战场上没有不奋勇杀敌的。

十、"必罚明威"。"必罚"是比"信赏"更有效的手段。

韩非子强调，君主对于违法犯罪的臣民，该罚则罚，该杀则杀，绝对不应该隐忍、姑息。他把君主有怒而不发叫作"藏怒"，有罪而不诛叫作"悬罪""持罪"，其结果必然是企求侥幸的"妄人"犯上作乱。故而他将"藏怒而弗发，悬罪而弗诛，使群臣阴憎而愈忧惧而久未可知者"（《亡征》）视为国家败亡的征象之一。在《内储说上》中，韩非子特意讲了一个卫嗣君以土地换逃犯的故事，说明"有罪必诛"的原则不能以任何情况打折扣：卫嗣君时，有一个囚犯逃到了魏国，因为给魏襄王的王后看病而受到重用。卫嗣君听说后，派使者带着五十两黄金前往魏国，要求买回那个逃犯。使者往返了五次，魏襄王都不答应。于是卫嗣公决定用左氏（卫国的一座城市）与魏国交换。左右群臣都极力劝阻，说，用一座城市交换一名逃犯，合算吗？卫嗣公说：这你们就不懂了。求治要从小处着眼，止乱要从大处下手。倘若法的权威得不到确立，即使给我们十个左氏又有什么用处？如果能做到有法必依，有罪必诛，再丢十个左氏也没什么了不起啊！魏王知道后，说：人家国君立志求治，我们却加以阻碍，这对我们没什么好处啊！于是什么也没有要，就把囚犯送回了卫国。

潜 御 之 术

韩非子所讲的术,主要是指君主暗中操纵群臣、防奸止乱的"潜御之术"。什么是"术"呢?韩非子说:"术者藏之于胸中,以偶众端而潜御群臣者也。"(《难三》)潜御之术也就是阴谋之术、权术、诈术。韩非子认为,君臣之间的利害是完全相反的。臣下总是想从君主那里得到最大的利益,甚至时刻怀着取而代之的野心,因此,他们一刻不停地捉摸君主的心理,想尽千方百计欺蒙君主,希望找到可乘之机。对臣下,君主根本就不应该亲近信任,而应当以其人之道还治其人之身,用狡诈对付狡诈,用权谋对付权谋,否则,即使整日费心劳形也难免坏人作乱。而有了一套高明的统治术,轻松自如就能把国家治理好,即使那些心怀异志、桀骜不驯的大臣也会尽力地效力。韩非子举例说,春秋末年鲁国有一个叫阳虎的,他曾公然宣称:如果君主贤明,就尽力地为他服务;倘若君主愚昧,就想方设法对付他。他在鲁国发动叛乱,被驱逐出境,到了齐国仍然不老实,引起齐国人的猜忌,就又逃到晋国,投奔赵简子。赵简子任命他为相室。大家都劝诫赵简子,说阳虎是一个头上有反骨的奸臣,最终会侵权逼主的,趁早把他赶走为妙。赵简子不以为然,他说：阳虎善于侵权，我善于持政，怕什么！赵简子以权术驾驭阳虎，使他充分发挥自己的才能。在阳虎的大力辅佐下，他的势力很快强盛起来，几乎成为一代霸主。这说明君主不能依仗臣下忠于自己，而应使他们不得不忠于自己。这就得善于运用掌控臣下的"术"。

用术的原则

关于用术的原则，韩非子认为，最根本的有两条："深藏不露"与"独断专行"。韩非子认为，君主作为天道的体现者统御万民，也应当像天道那样渊渊默默，自圣自神。在《主道》篇中，他说：明君执守世界的根本，以探知万物的源泉；把握事物的联系，以明察成败的缘由。因而他居高临下，处静制动，无为而无不为。

一、深藏不露。君主是全国臣民之利害的辐辏处，必然有心怀鬼胎的各色人等在君主身上打主意，动心思。韩非子再三强调，英明的君主要做到深藏不露，他时刻观察别人，却不让别人窥测自己；他广泛吸纳群臣的意见，却不把其中的信息泄露出去。

首先，君主应深掩自己的喜怒好恶，不在群臣面前表现出来。用《主道》中的话说就是："掩其迹，匿其端，下不能原；去其智，绝其能，下不能意。"即遮掩心迹，藏匿意绪，使臣下无法窥探；不用智慧，不显才能，使臣下难以揣测。群臣议论纷纷，我却始终不开口；群臣相互责难，我却做作糊涂。整日昏昏沉沉，像喝醉酒一样，使群臣无从捉摸。

如果君主不掩饰自己的好恶，那就给臣下提供了对付自己的途径和方法，等于城门洞开，招贼引盗，势必苦于防范而不得安宁。韩非子为此举了弋者捕鸟的例子：弋者只有一双眼睛，而鸟群有几百双眼睛，要成功地捕到鸟，只有靠把自己隐藏严实，不被鸟群发现。同样，君主以一人之智敌万人之智，只有把自己的本心深深掩藏起来，不被臣下猜破、看透，才能掌握主动权，把群臣操纵在手中。在《外储说右上》篇中，韩非子借用申子之口说：君主若表现出英明能断，臣下就会防备他；君主若显露出不能明察，臣下就会迷惑他；如果君主被发现很有智慧，臣下就会修饰自己；如果君主被发现资质平庸，臣下就会藏奸欺主；君主若显露出没有偏爱，臣下就会窥伺他；君主若显露出某些嗜好，臣下就会引诱他。

总而言之，"君见恶则群臣匿端，君见好则群臣诬能。"（《外储说右上》）韩非子列举了很多历史上实有的例子，说明臣民总是想尽千方百计去迎合君主的口味和喜好。而一旦君主的好恶表现出来，下边的人就知道怎么投君主所好，君主就容易被迷惑、被欺蒙了。

越王勾践喜欢勇士，越国人人奋勇杀敌。

楚灵王喜欢细腰的美女，楚国的好多女人挨饿减肥。

燕王哙羡慕古代的圣王和贤臣，宰相子之就添油加醋地给他宣讲尧舜禅让的故事。结果哙糊里糊涂就把王位让给了子之，导致燕国大乱，哙自己死于乱兵之中。

薛公（即靖郭君）任齐国宰相时，齐威王的夫人死了。当时威王喜欢的妃子共有十个。薛公想知道威王打算立哪个为王后，以便向威王提出建议，那样既可讨威王欢心，又能得到新王后的感激。于是他做了十副玉耳环献给威王，其中有一副做得更加精美些。威王把耳环分送给十位妃子。第二天，薛公看到那副更精美的耳环戴在其中一个妃子的耳朵上，就建议威王把她立为王后。

当年齐桓公沉迷于女色，竖刁就把自己阉割了去管理后宫；齐桓公说想尝尝人肉的滋味，易牙就把自己初生的儿子蒸熟后供他享用。齐桓公对这二人宠信不移，结果生病之后，被他们深锁宫内，死在床上一两个月，尸体上的蛆虫爬出门外，外边的人还没有发觉。

深藏不露还意味着君主要控制与臣下信息交流的渠道，不漏言，不泄密。倘若君主嘴浅漏言，则奸人之间就会串通一气，制造舆论，相互包庇，共同对付正道守法之士，欺蒙君主。韩非子举例说，有时候臣子向君主进言，议论到当权大臣的一些过失、执政者的某些错误、一般臣子的许多隐情，君主听到之后，有意无意地泄露给左右亲信和善于钻营的佞人，其后果必然使进言者受到打击报复，那样就没有人敢于举恶告奸，君主便难以了解下面的真实情况。故而韩非子称："辞言通则臣难言，而主不神矣。"（《外储说右上》）即是说如果因消息走漏导致臣下朋比为奸，则正直的大臣再也不敢进言，君主也陷入被动之地。

国羊一直受郑国的君主重用。有一次，他听说君主对自己产生了不满，在陪侍君主喝酒的时候，预先对君主说：如果我不小心做了什么错事，希望您直接告诉我，我会认真改正，好免除死罪啊！

甘茂任秦惠王的宰相。公孙衍（犀首）来到秦国后，惠王很赞赏他的能力，有一次无意中跟他说：我想让你担任宰相。甘茂的人从墙缝里听到了谈话的内容，告诉了甘茂。甘茂便进朝拜见惠王，说：听说您得到一位贤能的宰相，微臣向大王致贺。惠王说：我把整个国家都托付给您了，哪里还需要再找什么宰相？甘茂说：听说您打算任犀首为相。惠王问：你听谁说的？甘茂回答：犀首亲口告诉我的。惠王非常生气犀首泄露机密，就把他赶走了。

韩非子甚至把"浅薄而易见，漏泄而无藏，不能周密而通群臣之语"（《亡征》）看作国家败亡的征象之一。他认为

173

一国之君若有漏言之病，绝对不可能把持住权柄，就像无底的玉器盛不了水浆。在《外储说右上》篇中，韩非子记载了这样一个故事：堂溪公问韩昭侯：如果有一只价值千金的玉杯，没有底，能用来盛水吗？昭侯回答：不能。又问：假若有一只陶杯，完好无缺，可以用来盛酒吗？昭侯回答：可以。堂溪公于是说：陶土做的杯子，是非常不值钱的东西，因为不漏就可以用来盛酒；玉石做的杯子，非常贵重，因为没有底，用来盛水都不行，谁还用它来盛酒浆呢！做君主的，如果把臣下的进言、建策泄露于外，跟没有底的玉杯有什么区别？这样的君主，即便聪明绝顶，也难以控制局面，就是因为他不能深掩机密啊！昭侯说：确实是这样啊！从此之后，韩昭侯每次在思考国家重大问题时，总是一人独睡，生怕自己说梦话时把心中的谋划泄露出去。

总之，韩非子强调，君主所应致力的要务之一，就是保守臣下言论的机密，要做到"隔塞而不通，周密而不见"（《八经》），使群臣之间无法联络、串通。

二、独断专行。在《外储说右上》篇中，韩非子引用申子的话说："独视者谓明，独听者谓聪，能独断者，故可以为天下主。"在他看来，每个人都是处在自己的立场上、根据自己的利益认识和处理问题的，因而对君主来说，除了自己，任何人都不可信，决断国家大事，应当在"众端参观""一听公会"的基础上独断于心，专行在己。倘若偏听偏信，依赖某个重臣或集团，则无异于将自己的命脉拱手送到野心家手里。下面是韩非子讲的一个故事：尧打算把帝位传给舜。鲧不同意，说：太没道理了吧！怎么能把天下大宝传给一个没有任何根基的穷小子呢！尧不为所动，派兵把鲧诛杀在羽山脚下。共工又提反对意见，说：谁会把天下大位传给一个无名无势的平头百姓啊！尧还是不为所动，又派兵把共工流放到幽州境内。从此天下再也没有人敢反对传位于舜了。

这个故事很可能是韩非子杜撰的，但他的结论很明确：英明的君主应该做到"不以其所疑，败其所察"（《外储说右上》），即不要因为众人的怀疑，改变自己的判断和决定。

要实行独断，首先是要排除对亲信近侍和重臣的依赖。在《内储说右上》篇中，韩非子借用薄疑与卫嗣公的对话，说明君主如果依信亲近之人，不能自主沉浮，就如同普通人信奉神巫一样，把吉凶祸福的决定权交于他人之手，不仅远离事实真相，而且会导致奸宄当道，正直远行。卫嗣君对薄疑说：您是不是以为我的国家太小，不值得您来治理啊？我有能力让您实现自己的抱负。于是送给薄疑良田万顷。薄疑回答说：我的母亲亲信我，认为凭我的能力担任万乘之国的宰相还绰绰有余。可是我家有一位姓蔡的巫婆，我母亲对她言听计从，把家里的事务都委托她经管。有时候与我商量决定了的事情，还要去征求蔡妪的意见，才能最后拿定主意。论能力大小，她认为我足以担当大国的宰相；论关系远近，我是她的亲生儿子。然而她还是要靠蔡妪来解难决疑。我和您的关系，远远比不上跟自己的母亲那样亲近；而您也有自己信幸的"蔡妪"啊！您身边的"蔡妪"，必然是位高权大的"重人"。大凡"重人"，都是有条件、有能力损公肥私的人。损公肥私，必然作为于法律之外，而我制定的政策措施，都严格限定在法律的准绳之内。法之外与法之内，是完全对立、不能相容的。如果您像我母亲那样，事事听从"蔡妪"的意见，那贵国能有我的容身之地吗？

要独断专行，还要注意不要被舆论所左右。韩非子认为，对君主来说，众人的智慧是值得参考的，但众人都赞同的观点不一定正确，众人都附和的决定不一定可靠，因为舆论是很容易被个别有权势的人所操纵的。在舆论被操纵的情况下，君主如果听信众言，与偏听一人没什么区别。他举了"孔子对哀公问"的例子。鲁哀公问孔子：我听说民间有这样的俗语："不要在有很多人可以请教的情况下还糊里糊涂。"无论办什么事情，我都会与群臣协商，但现在看来什么事情也没干好，国家混乱不堪，原因在哪里呢？孔子回答说：英明的君主向臣下征询意见，只有当事人知道，其他任何人都一概不知。这样，臣下才能直抒胸臆，说出实话。可现在朝廷群臣全都追随、附和季氏，这意味着整个鲁国只有季氏一人在说话呀！就算你挨个请教境内的民众，也不会听到不同的意见，鲁国也没办法治理好啊！

　　同时，韩非子还指出，众人之言虽然未必真实，但却十分可畏，不能等闲视之。因为语言这种东西，轻飘飘的没有分量，说出来就难以核实，所以容易弄假成真。一件子虚乌有的事情，如果只有十个人谈论，还会有人怀疑；如果有一百个人相信，那就成真的了；倘若有一千个人相信，那就变成确乎不可疑议的了。这就是魏国的庞恭说"三人成市虎"的原因。庞恭与太子去赵国的邯郸做人质。考虑到自己长期在外，难免受到国内政敌的诬陷，临行，庞恭问魏王：如果现在有人说集市上有只老虎，您相信吗？魏王答：不信。庞恭又问：如果有三个人都说，集市上有只老虎，您相信吗？魏王答：那我就信了。于是庞恭说：集市上没有老虎，这是确确实实的事情，然而如果有三个人都说有老虎，那就真有老虎了。与集市相比，邯郸离朝廷的距离要远得多，消息往来更不便利，如果出现三个以上的臣僚议论我的情况，还希望大王您明察！等庞恭从邯郸回来，果然因为政敌攻讦被魏王拒之门外。

　　当然，君主深藏不露，乾纲独断，并不等于认准了死理一意孤行，也不能像泥胎蜡像，故作莫测高深而无所作为。他应当时刻保持警惕，积极主动地运用一些必要的手段，来操纵和支配臣下，防止和清除奸人。

按其内容，旨在禁奸去邪的"潜御之术"可分为察奸术、防奸术、除奸术。

察奸之术

韩非子称："知下明则禁于微，禁于微则奸无积。"凡奸邪之事，大都酝酿于暗中，行施于私下。所以"防"的前提是"察"，即洞察人心，了解下情，以禁奸于未萌，防患于未然。关于如何察奸，韩非子费尽心思进行了研究，既分析了"奸邪"出现的环境、条件、表现形式，也探讨了切实可用的操作手段。

一、八奸。韩非子系统分析了奸邪实施的渠道和方式，称之为"八奸"，在《韩非子》中单独列为一篇。其内容为：

"一曰同床"。指奸人贿赂国君的妻妾，使之相机惑主，从而实现自己的目的。这些与君主同床共寝的美色，趁君主酒足饭饱之余，情欢意浓之际，提出自己的非分之求，往往容易被满足。大臣们以金玉珠宝与之相交通，可以通过她们之手操纵君主。

"二曰在旁"。指大臣通过收买君主左右的亲近之人蛊惑君主。君主身边的那些倡优、弄臣、宦官等，善于察言观色，猜度君主的心思，迎合君主的癖好，容易讨主上欢心。并且他们往往同气相应，众口一词，君主难免不被左右。心怀不轨的大臣在朝廷内赂以金钱，在朝廷外假公济私为之营构，双方勾结在一起算计君主。

"三曰父兄"。指大臣通过收买君主的父兄和亲戚对君主施加影响。父兄亲戚对君主具有举足轻重的影响力，君主处置国家大事往往跟他们商讨、谋划。包藏祸心的臣子通过金钱和美女收买、花言与巧语欺骗，使这些在君主身边说话有分量的人按他们的愿望影响君主。

"四曰养殃"。指人臣以声色犬马阿君所好，趁机谋取私利。君主都喜欢修筑华丽的宫室、台池，赏玩美色、狗马。居心叵测的大臣投其所好，役使民众为君主修筑宫室园林，用搜刮来的民脂民膏为君主购买美色玩好，来惑乱君主的心志，支配君主的行为，谋取一己的私利。

"五曰民萌"。指人臣以公财行私赂，收买民心，从而侵犯君主的利益。大臣利用职务之便，把手中所掌握的公家的财货分发给民众，使朝廷官员和市井百姓都赞誉自己，堵塞君主视听的途径，从而实现自己的私心。

"六曰流行"。指人臣利用辩士说客，广造舆论，欺蒙君主。君主本来和外界接触的机会就少，不常听到不同的意见，容易被浮言虚词所左右。心有所图的大臣搜罗国内外能言善辩的口舌之士，让他们到处替自己吹捧、张扬，施展移天换日的花言辩词，以夸张的好处引诱君主，以虚构的祸患恫吓君主，从而实现损公济私的目的。

"七曰威强"。指大臣养剑客勇士威胁官吏和百姓，以他们的名义胁迫君主。群臣百姓的愿望和利益是君主最先考虑的。隐怀野心的大臣"聚带剑之客，养必死之士"，以强力威慑民众，表明顺己者有利，逆己者必死，然后以大众的旗号与君主讨价还价。

"八曰四方"。指大臣里通外国，挟制君主。弱小的国家不得不侍奉强大的邻国，弱小的军队难免要屈服于强大的军队，这是国际政治的现实。有的大臣为达到不可告人的目的，暴敛百姓赋税，倾尽国库资财，去讨好、巴结外国，利用对方的势力，利诱、恐吓君主。

韩非子说，这"八奸"是人臣胁迫君主的主要形式和招数，应当详加体察，认真防备。基本原则是"不怀爱而听，不留悦而计"（《八经》），即不怀有偏爱之心听取他人的言论，不带有喜好之情思考别人的意见。具体办法有：享受妻妾们的美色，拒绝她们私下的请托，以防止"同床"之害；严格考核左右近习的言行，禁止他们谈论非属本分之事，以防止"在旁"之祸；追究言事之责，言行不符必罚，使父兄大臣不敢轻举妄动，以杜绝"父兄"之殃；君主所用的玩好之物，要有固定的渠道，负责的专人，不使臣下擅自进奉，以杜绝"养殃"之虞；君主将民众赖以为生的资源控制在手中，禁止大臣以公财行私惠，以消弭"民萌"之非；对于众口所议论、推举之人，君主要考核他们处事的才能，纠察他们言谈的过失，以消弭"流行"之乱；信赏军功，严禁私斗，以克除"威强"之患；拒绝诸侯无理之求，以克除"四方"之危。

二、六微。君主还必须善于判断酝酿奸邪的六种微妙疑难的情形，韩非子称之为"六微"。对此有所了解，才能发现祸害之源，掌握主动权。韩非子认真总结了历代治乱成败的经验教训，结合大量历史实例，谆谆教导君主们如何洞悉臣下心理、了解真实情况，以防患于未然。因此可以说，对六微的体察本身也是术的运用。这六微是：

一为"权借在下"。指君主的权势在无形之中为臣下所借用。韩非子认为，这种情况对君主是极为危险的，必须坚决杜绝。君主失掉一份权力，在臣下那里就会变成一百份。为了说明这种情况，韩非子举了靖郭君（战国时齐威王的儿子，名田婴，相齐二十余年，封于薛，号靖郭君。战国末四大公子之一的孟尝君即是他的儿子）的例子：靖郭君任齐国的宰相。有一次他见到了一个老朋友，站着与对方聊了一段时间，结果他的老朋友就发家了——想巴结靖郭君的人纷纷给他送礼，让他帮着疏通关系；还有一次，靖郭君送给手下一方汗巾，那个手下立即被同僚们刮目相看。

对此，韩非子评论说：站着聊会儿天，赠送一条汗巾，这都是非常枝节的事情，都能使故人变得富有，或使手下受人敬重，何况一国之君的威权被臣下侵夺呢？这就是为什么君主不与本族的人乘同一辆车，不与外姓的人穿一样的衣服的原因，怕的就是威权外借啊！大臣侵夺了君主的权势，必然"内外为用"，形成山头，结成帮派，民众就会叛离君主，归依大臣，君主就有被架空和壅蔽的危险，而被架空的君主就如离开水的鱼，只能乖乖地受人宰割了。

二为"利异外借"。许多权臣往往勾结外国势力来除掉政敌，胁迫君主，而他们打的却是救国利民的旗号。韩非子举了两个例子：陈需在魏国做官，但与楚王保持很亲密的关系。他暗中派人与楚王联络，让楚王出兵攻魏，他则代表魏国去跟楚国谈判求和，并因此而立功，做了魏国的宰相。赵国的大成午对韩国的申不害说：你利用韩国的力量帮助我，我则利用赵国的力量帮助你，这样就等于你控制着两个韩国，我支配着两个赵国。

三是"托于似类"。指奸人制造类似的假象，构陷竞争对手或阻碍其私利的官员。有一些事看起来合情合理，完全可能，实际情况却完全相反。君主应善于揭穿臣下的阴谋，不能被表面现象所蒙蔽。例如：

济阳君受魏王宠信，有两个大臣跟他不合，他就制造了一个骗局，说有人假借魏王的命令要谋害他。魏王问他：有谁跟你有仇怨呢？济阳君回答：我不敢跟谁有仇，但与某两个有点合不来。魏王问身边的人，身边的人都说：是这么回事。于是魏王就把那两个大臣杀了。

魏国的张寿与犀首有矛盾。陈需进入朝政圈子后，也与犀首合不来，于是派人把犀首暗杀了。魏王以为是张寿报私仇，下令诛杀张寿。

楚王新得了一位美人，非常喜爱。他原先宠爱的妃子郑袖嫉恨在心，就对她说：国王特别喜欢你那用袖子掩口的样子。于是那位新来的美人每见到楚王，总是用袖子把口掩起来。楚王不明白怎么回事，去问郑袖，郑袖说：她说她不喜欢您身上的臭味。楚王一听勃然大怒，立即下令把美人的鼻子割了。

四是"利害有反"。一件事情发生，如果涉及利益，肯定有受益人；如果这件事对国家或他人造成了危害，就要反过来纠察受益人是否在其中做了手脚。

昭奚恤在楚国执政时，有人烧毁了仓库，有关人员追查了好久，都没有查出罪犯。昭奚恤下令将卖茅草的全部抓起来审问，果然从中查出了纵火犯。

有一次，韩昭侯吃菜汤时从中发现了一块生肝，就把执掌饭菜的人的助手召去斥责说：你为什么把生肝放在我的菜汤中？那人赶忙叩头请罪说：我想让您免掉我的上司，我好取代他。

五乃"参拟内争"。参拟，即比拟、近似。这是指国王的妃子与王后、庶子与太子势均力敌，不相上下。如果出现这种情况，势必会互相残杀，危害国家。骊姬乱晋、商臣乱楚的故事就很能说明问题：晋献公已立了太子申生，又爱上了妃子骊姬。骊姬希望自己的儿子奚齐将来执掌国政，就千方百计地陷害申生。一次申生将一些祭祀用的肉献给献公，骊姬偷着在里面下了毒药，诬陷申生谋害君主。结果申生被逼自杀，献公的其他儿子也纷纷逃亡，晋国陷入一片混乱。

楚成王已经立公子商臣为太子，又打算改立公子职。商臣听到了风声，但还没有确认，就去请教他的师傅潘崇：怎样才能探知实情呢？潘崇说：请你父王喜欢的妹妹江芈吃饭，席间故意对她无礼，就能把情况弄清楚。商臣依计而行。江芈在酒酣兴高之际受到了侮辱，愤怒地大骂起来：呸！你这不成器的奴才！难怪国君要废掉你，立公子职呢！商臣对潘崇说：看来消息是确定不移的，我该怎么办呢？潘崇问：你能甘心侍奉公子职吗？商臣回答：不能！又问：愿意流亡国外吗？回答：不愿！再问：有信心干一番惊天动地的大事吗？商臣回答：有！于是率领禁卫军围攻成王。成王请求把煮熟的熊掌吃完再死，被商臣拒绝，只得上吊自尽。

六乃"敌国废置"。这是指君主要注意不要中敌人的反间计、按敌人的意图来处置大臣。

有一次商纣王派人去向周文王索取一块璧。第一次去的是一个很有才能的人，文王没有答应；第二次去的是一个奸臣，文王就给他了。因而纣王就疏远了那个贤臣，而对得到宝璧的奸臣更加宠信。于是，其政治更加糟糕。文王乘机扩大自己的势力，到他的儿子武王时就把商灭了。

孔子在鲁国执政时，鲁国出现了路不拾遗、夜不闭户的大好局面。齐国的景公对此忧心忡忡。有一个叫梨且的大臣对他说，您要除掉孔子，还不像吹掉一根毫毛一样容易？您为什么不以高官厚禄前去招聘孔子，使鲁君对他产生疑心；同时选一些漂亮的乐女送给鲁哀公、迷惑他的心志？哀公接受乐女，孔子必定进谏，哀公必然不听，孔子就不得不离开鲁国。齐景公高兴地接纳了他的建议，哀公果然沉溺于声色之中，荒废政务，孔子上书劝告，哀公不采纳，孔子便弃官到楚国去了。

关于君主对付臣下的具体手段，在《韩非子》中可谓俯拾即是，但在《八经》篇的《立道》章论述得比较详尽，而在《内储说上·七术》篇则结合实例作了集中说明。下面是韩非子向君主重点推荐的，用于防奸、除奸的法宝与利器。

防奸、除奸之术

一、"行参以谋多，揆伍以责失"。"参"即"叁"。"参伍"泛指"多"，"行参揆伍"即多方面考察、比对。这本来是检查臣下工作的光明正大的"刑名术"，但韩非子又加上了"行参必折，揆伍必怒"（《八经》），便有了底下操作的意味。"折"和"怒"都有斥责的意思。韩非子认为，"不折"则臣下无礼犯上，"不怒"则臣下协同为奸，所以不论臣下做得如何，君主都应当保持雷霆高压，但"折"要有理有据，对臣下功过的大小了然于心；"怒"要选择对象，针对首领而不是盲从的群众。这样既不至于与众人为敌，又能使群臣小心翼翼地奉献自己的智慧，君主居高折中，不为任何势力和个人所左右。

张仪在魏国参政时，主张联合魏、秦、韩三国的力量进攻齐国和楚国，而惠施则主张同齐、楚讲和。两人争执不下。朝中群臣及魏王左右都站在张仪一边，认为进攻齐、楚有利可图，没有人替惠子说话。魏王果然接受了张仪的意见，认为惠子的计策行不通。惠子进见魏王，魏王说：先生不要再说什么了，我已经决定了。攻打齐国和楚国肯定得利，现在整个国家都这样认为。惠子说：还是希望您更全面地考虑一下。如果攻打齐、楚确实有好处，全魏国的人都看到了这一点，那么聪明的人不也太多了吗？如果攻打齐、楚没有益处，而全魏国的人都认为有利，那么愚蠢的人不也太多了吗？但凡需要谋划的事情，都是难以遽下结论的，持赞同意见的占一半，持否定意见的占一半，才合乎常理。现在整个国家都持赞同意见，这说明您失去了用来参考的另一半啊！这是不是说明您在无形之中已被众人胁迫了呢？

二、"诡使以绝渎泄"。即以可疑的命令、诡诈的手段，来差遣、指使臣下，以考察他们是否谨于职守、忠于主上。比如说，频频召见某个人，让他陪侍很久，却不派他做事，麇集在他身边的人就会怀疑他负有秘密使命，不敢再跟他往来，原来的小团伙就作鸟兽散，除了向主上表忠心别无选择。

庞敬是个县令。有一次他派一个人同公大夫一起去管理市场，却又把公大夫从半路上召回来。召回公大夫后，让他站了一会儿，没跟他说什么，就打发他回去了。被派去管理市场的那个人由此认为庞敬不信任自己，小心翼翼，唯恐被上司抓住把柄。

东周君假装丢失了一支玉簪，命令下属寻找，三天以后仍然没找到。东周君另外派人寻找，当然找到了，于是东周君责备下属们说：你们整天干什么呢？让你们找玉簪，用了三天时间还找不到，我让人去找，一会儿就找到了。下属们非常惶恐，将东周君看作神明一样的人物，此后小心翼翼，生怕出什么差错。

卫嗣公派人装作旅客经过关市，把守关市的人故意刁难他。最后送了一大笔钱，才被放过去。不久，卫嗣公将关市的官员找去，问：某日某时，有人经过你的关市，被迫送了一大笔贿金才得以通过，是不是有这回事？把守关市的人非常惶恐，再也不敢巧立名目勒索旅客了。

三、"握明以问所暗"。又称"挟智而问"，指君主拿自己知道的事情去问臣下，从而了解到许多原先不知道的事情；深入地了解一件事，就能掌握其背后的隐情，可以使下属心怀敬畏而不敢妄动。

韩昭侯派使者到下边传达命令，使者回来后，昭侯问：沿途看见了些什么？使者回答：城南门外，有一头黄牛犊在路边地里吃谷苗。昭侯立即告诫使者：不准把我问你的话告诉任何人！于是下令：庄稼刚出苗时，严禁牛马进入田中。这样的法令早就公布过了，但有关官员却不当回事，以致屡次发生牛马窜入田中糟蹋庄稼的事情。现在责令有关官吏赶紧调查一下，把数目汇报上来，如果数目不实，将从重治罪。于是东门、西门、北门外的官吏都把数目报上来了。昭侯说：这还不是全部，继续寻查。再一次派人搜寻，发现了南门外的牛犊。群臣认为昭侯明察一切，都诚惶诚恐，不敢违令犯法了。

商太宰派遣手下的少庶子去街市办事，回来后问他：你在街市上看见了什么吗？少庶子回答：没看见什么东西。太宰又问：不会什么也没看到吧？少庶子说：就看到市南门外牛车很多，把路都堵塞了。太宰告诫少庶子：记着，不要把我问你的话告诉别人！于是太宰把掌管集市的官吏找来，斥责他说：南门外到处都是牛粪，你怎么管理的啊？那官员很惊异太宰的信息如此灵通，此后更加忠于自己的职守，丝毫不敢轻举妄动。

四、"倒言以尝所疑"。指故意做一些相反的或出人意料的事，说一些没有根据的话，来试探自己所怀疑的人。

子之在燕国为相。有一天，他正坐在相府里，突然装模作样地问：刚才从外门出去的，是不是一匹白马？身边的人都说没看见什么。有一个人跑出去看了看，汇报说：您看得真准，真是一匹白马。结果这人中了子之的圈套，暴露了阿谀逢迎的嘴脸。

山阳君做韩国的宰相，有一段时间听说韩王对自己产生了怀疑，就故意找碴辱骂韩王宠信的缪竖（人名），以此来窥探韩王对自己的态度。

齐国的淖齿听说国王对自己有点厌烦，便派人假扮成秦国的使者谒见齐王，以刺探齐王的心意。

五、"论反以得阴奸"。指遇事从相反的方面考虑，以探知隐秘的奸情。

晋文公时，有一次厨师做了烤肉，文公在进餐时发现烤肉上缠着一根头发，就把厨师喊来，责备说：你是想把我噎死吗？为什么把头发缠在烤肉上？厨师赶紧跪在地上请罪，说，奴才有三项死罪：把切肉的刀磨得像干将（一种宝剑名）那样锋利，切断肉却切不断上面的头发，这是其一；把肉块仔细地穿在木签上，却看不到有头发在上面，这是其二；把肉拿到炭火上烤，肉都熟了头发还没焦，这是其三。也许在伺候您的下人中，有人对我心怀嫉恨啊！文公说：有道理啊！于是把仆人们召集起来审讯，果然找出了做手脚的人。

韩非子所讲的术远不止这些，他称自己的理论为"王霸之术"，《韩非子》一书本身就是一种"治术"。仅在《八经·立道》一文中，他就一口气提出了二十多种，凡是君主能用来控制臣下的手段，他几乎都想到了。主要有：

1. "参言以知其诚，易视以改其泽"。"参言"，指参考各方面的评论；"易视"指君主改变对臣下的态度。泽，通"择"，选择。意即从多方面考察、征询，以了解官员忠诚与否；改变对臣下的待遇，看他是否因此产生二心。

2. "执见以得非常，举往以悉其前"。"见"通"现"。意为：用心观察已经呈现的迹象，以预知潜在的危险；认真参考从前的表现，以认识当下的作为。

3. "一用以务近习，重言以惧远使"。即对亲近的大臣要专职专用，人不兼官，官不兼事，以发挥效率，且利于考核，避免臣下揽权取重；对出使远方的大使，要再三警诫，以免他们挟外自重，卖国求荣。

4. "即迩以知其内，疏置以知其外"。即有时候把臣下安置在自己身边，或容易监控的近处，以观察他们的隐情；有时候则派遣到外地，或比较容易操控的远方，以观察他们独任一方时的作为。

5. "设谏（间）以纲独为，举错以观奸动"。即设置专人暗中查访，纠察违法犯上的行为；指出奸人的罪过，以观察进一步的动向。

6. "明说以诱避过，卑（俾）适以观直谄"。指明确表明自己对某些行为很欣赏，引诱逃避罪过的人现出真相；创造机会使臣下迎合自己的心意，以观察对方是忠直还是谄媚。

7. "宣闻以通未见，作斗以散朋党"。指将掌握到的信息公布于众，以引发未曾掌握的隐情，使心怀阴谋的奸人悬崖止步；制造矛盾挑起纷争，以离散朋党、瓦解山头，使矛盾的双方统一于君主。

8. "深一以警众心，泄异以易其虑"。指君主深入了解一件事情的原委，明察秋毫，使臣下震慑于君主的英明而不敢妄动；故意不按常理出牌，虚张声势，以干扰和动摇奸人的谋划。

9. "似类则合其参，陈过则明其固"。"固"通"故"，即缘由。指遇到类似的事情，就拿先前的事例作为参考；听取臣下陈说自己的过错，就要弄明白对方的用心。

10. "知罪辟罪以止威，阴使时循以省衷"。"辟"是"处以刑罚"的意思。指君主对犯法的大臣明确告以所犯何罪，且根据相关条款严惩，以剥夺他们的威势；暗中派遣亲信，时时按察四方，以了解部下的忠奸。

11. "渐更以离通比，下约以侵其上"。指对同一个部门的官吏，要渐次调离更换，以防止他们结成利益团伙；越级调查大臣的下属，以了解下边的真情，以削弱和制约大臣的权势。

12. "罚比周而赏异，诛毋谒而罪同"。指处罚结党营私的作奸犯科之徒，奖励特立独行的守法忠君之士；知奸不告（*毋谒*）诛之以律，协同犯罪惩之以法。

关于如何除奸，我们在前面讲"用势之术"时已有所涉及，这里略作补充。

韩非子认为，有能力左右君主、导致国家混乱的，主要有六种人：主母，即国君的母亲；后姬，即国君的妻妾；子姓，即国君的子孙；兄弟，即国君的同辈诸公子；大臣，指有权势的高官；显贤，指有社会影响的贤人。另外就是国外的势力。怀有野心的大臣，如果不凭仗内援，就得依托外交。要清除乱臣的根基，韩非子主张，对内严格实行"功伐课试"，即根据功绩授予官职和爵禄，对行贿买官和受人请托者，一并治罪；对外实行严查密访，发现携带重金厚币交通外国者，一律诛杀。所有的高官大吏都必须从基层一步步提升起来。对这些养成一定势力的重臣，要以"三节持之"：一是"质"，即控制他们的亲戚妻子作为人质；二是"镇"，指以信赏厚俸使他们安于本分，不敢懈怠；三是"固"，指以细密而严格的考核措施恭敬从事，不作他想。这样，品行高尚的人因为"质"而就范，本性贪婪的人因为"镇"而敛心，图谋不轨的因为"固"而缩手。倘若这些办法还不奏效，那就使出最后的手段，毫不留情地加以诛戮。如果公开处死有碍于君主的声誉，那就采用"除阴奸"的办法，或派杀手行刺，或在食物中放毒，或利用其敌人来除掉隐患。

可见，韩非子的术讲到最后，完全暴露了冷酷无情的狰狞嘴脸，阴森森、血淋淋，使人心惊胆战。不过，敢于把那些不可见人的卑劣心机暴露于光天化日之下，也是需要勇气的。韩非子毫不隐讳地向我们揭示了专制统治的实质和真相，很值得我们深思。韩非子的学说作为一种历史现象，它的社会根源、阶级根源何在？它对后世造成了什么样的影响？

术的出现是历史的必然。在战国时代，原先靠血缘亲情维系的社会秩序彻底崩溃了，人们以智相待，以力相较。臣属从四面八方涌向君主，就是为了谋取私利，君臣之间完全是相互算计的利害关系。因此，君主要保持住自己的权势，就不能不施展手段，耍弄心机。为专制统治作理论设计的思想家们，当然不能不把君主"御臣之术"作为思考的内容。然而，就韩非子而论，他毕竟走得过头了，他夸大了君臣之间的对立和斗争，夸大了人心阴暗的一面。人毕竟不像韩非子所认为的那样，只是蒙昧的情欲的工具，他不能没有情感，也不能没有信仰。如果人间连一点温情都没有，连一点高尚的追求都没有，恐怕人类作为一个整体便无法再生存下去了。只凭法术是无法治理国家的，倘若君主完全以算计之心对待臣下，认为周围没有一个可亲近的人，最后必然变成一个整日疑神疑鬼、众叛亲离的独夫，像一个高居神座的泥像一样，被包围在曲意逢迎的香火之中。那样，再高明的术也会失灵的。韩非子法术思想的实践者——秦始皇就是一个典型的例子。当年他以铁血手段、雷霆万钧之力横扫六国，视天下如粪土草芥，视群臣如奴仆狗马，真可谓不可一世。然而，"视天下若草芥者，天下视之如寇仇"，他苦心经营的帝国的宝殿，很快便倒塌在仇恨和愤怒的汪洋里。

第 13 章

千 古 文 章

先秦诸子散文，可称是中国文学史上一片突然耸起的高原，群峰并峙，气势磅礴。诸子逞才竞智，各有千秋：《孟子》雄浑庄严，《荀子》渊懿朴茂，《老子》深奥绵渺，《庄子》汪洋绚烂。《韩非子》自然不甘示弱，它岩巉壁峭，奇峰嵯峨。明代门无子《刻韩子迂评跋》称韩非子的文章"论事入髓，为文刺心"；张鼎文《校刻韩非子序》则称"其文则三代以下一家之言，绝有气力光焰"。

概括起来，《韩非子》有两大特点。一是议论严谨透彻，说理警辟峭刻；二是语言形象丰富，用笔摇曳多姿。前者得益于他对世态人情的深刻的洞察力，后者则得益于他广博的知识以及丰富的想象力。

有人说读韩非子的书可以"益人心智"，这话的确不假。他慧眼如烛，洞悉幽微，许多在别人看来混沌一团的现象，经过他一番条分缕析，便有条不紊，一清二白。他善于将同一类现象分析为种种不同的表现，正中肯綮，不陋不繁；也善于将不同的现象进行概括归纳，提纲挈领，包举无遗。他的文章有不少是论辩文，表达自己的论点有时使用解释式，如剥葱笋，层层撕落；有时使用演绎式，如登高山，寻级而上；有时使用归纳式，如红线穿珠，历历可辨；更多的则是辩难式，或层层辩驳，如风回水激，天地无路；或两难相诘，如神魔斗法，水涨山高。

在《亡征》篇中，韩非子一口气罗列了四十七大类、七十三小项可导致国家败亡的征象，从国家大政的谬误、社会风气的败坏，到君主治术的失当、后宫生活的荒淫等，不同的角度、不同的层面，细大不捐，丝丝入扣，进而以体贴入微的言辞加以条贯、梳理！其强大的思辨力实在令人叹为观止。在《难言》中，他列举了十二种向君主进言的方式和风格，把人们所能想到的情况都一一列举了出来："言顺比滑泽，洋洋纚纚然，则见以为华而不实；敦祗恭厚，鲠固慎完，则见以为掘而不伦；多言繁称，连类比物，则见以为虚而无用；总微说约，径省而不饰，则见以为刿而不辩；激急亲近，探知人情，则见以为谮而不让；闳大广博，妙远不测，则见以为夸而无用；家计小谈，以具数言，则见以为陋；言而近世，辞不悖逆，则见以为贪生而谀上；言而远俗，诡躁人间，则见以为诞；捷敏辩给，繁于文采，则见以为史；殊释文学，以质信言，则见以为鄙；时称诗书，道法往古，则见以为诵。此臣非之所以难言而重患也。"使人读罢，在感叹人类内心的辽阔和幽深的同时，不禁对以自己的智慧照亮这辽阔而幽深世界的作者表示由衷的敬意。

《韩非子》中大量使用数词来归类各种现象，如二柄、三劫、四助、五壅、六微、七术、八奸、十过等，还有如"安术有七，危道有六"（《安危》）之类名词在前面的也很多。对同一事物或现象的剖析，韩非子总能大气包举，削方就圆；辨析入微，挑筋见脉。其运思骋辩，圆转而细密，如庖丁解牛，如剥茧抽丝。如"人主有五壅：臣闭其主曰壅，臣制财利曰壅，臣擅行令曰壅，臣得行义曰壅，臣得树人曰壅。臣闭其主则主失位，臣制财利则主失德，臣擅行令则主失制，臣得行义则主失名，臣得树人则主失党。此人主之所以独擅也。"从信息、财政、行政、名分、组织等不同侧面说明臣下侵犯和壅塞君主的途径，并分别指出其危害性，读来使人耳目一新，豁然爽然。

对世态人情曲折入微的体贴和揣摩，是《韩非子》的另一个鲜明特色。他就像一个技入化境的武林高手，十八般兵器样样精熟，在看似不经意之间，挑、劈、砍、刺都能正中要害，诚如汤宾尹《历子品粹·读韩非子》所言："读其书，文机鼓舞，笔端有舌，老于人情世故，一切病根利害，都被说破。"如《奸劫弑臣》："凡奸臣皆欲顺人主之心，以取亲幸之势者也。是以主有所善，臣从而誉之；主有所憎，臣因而毁之……夫奸臣得乘信幸之势以毁誉进退群臣者，人主所有术数以御之也，非参验以审之也，必将以囊之合己信今之言，此幸臣之所以得欺主成私者也。故主必欺于上，而臣必重于下矣，此之谓擅主之臣。"

韩非子最令人叫绝的功夫，是他对君主心理的深入骨髓的体察和剖析。在《说难》一文中，当谈到臣下向君主进言的困难和危险时，他说：向君主进言的难处，并不在于知道应说些什么，也不在于如何口齿伶俐、言简意赅地把意思表达清楚，而在于如何把握对方的心理，投合他的口味。如果君主喜欢的是漂亮的名声，你却以追求厚利劝说他，就会被看作志趣卑下，那你就会被轻贱、被遗弃；如果君主追求的是厚利，你却以修养美名劝说他，就会被看作不切实际，那你就会被轻视、被疏远。有的君主表面上追求美名，实际上却喜欢厚利，如果你以修养美名劝说他，那他就在表面上尊重你，实际上却疏远你；如果你以追求厚利劝说他，那他决不会任用你，尽管他暗中采纳你的建议……有些事情保密好

199

了就会成功，泄露了秘密就会导致失败。有时候进言者并非有意泄露君主的意图，却在无意之中涉及了君主隐秘的心事，那他就有性命之危了。有时君主要实现自己的私心，却打着冠冕堂皇的旗号，进言者不幸了解了事情的真相，知道君主玩的是什么把戏，这就犯了君主的忌讳，因而就有性命之危了。进言者同君主规划一件机密之事，却被外面的一些聪明人猜到了，君主会认为是进言者泄露的秘密，那他就会有性命之危了。进言者还没有得到君主的信任，就尽其所能肝胆相示，如果他的建议取得功效，君主就会忘掉他的功劳；如果他的建议行不通，并造成了损害，君主就会怀疑他，那他也会有性命之危……对君主评论当权大臣，会被认为挑拨离间；向君主品议近习小吏，则会被看作卖弄权势；谈论君主所爱的人，会被看作捞取政治资本；谈论君主所厌恶的人，会被君主看作试探……

当提到进言者应如何迎合君主心理、取得君主信任时，他说：向君主进言，最应注意之处是：对君主感到得意之处，要加以恭维；对君主感到羞耻之事，要加以遮掩。如果他出于私心要干什么事，你就献上利国利民的颂辞，并鼓励他去做。要使君主接受你对别人的推荐，就应当找一个冠冕堂皇的名义，并且暗示那符合他个人的利益。要使君主制止某些有危害的事情，就要大力陈述众人的诽谤之词，并且暗示那对君主个人极为不利。对与君主有相同行为的人，要不惜口舌大加称赞；对君主正在谋划的事情，可通过做一些相关的工作暗地里加以辅助。如果君主认为自己无往而不胜，就不要以困难去阻挠他；如果君主以勇敢果断而自豪，就不要举出他的过失去激怒他；如果君主自以为谋深智远，就不要以他的失败来困窘他。总而言之，进言的内容要投合君主喜好，言辞要做到温顺而贴切。

《说难》真正是一篇千古奇文。可以说，韩非子把君主的心理给捉摸透了。古今中外，大概还没有谁能像韩非子那样把君主的五脏六腑翻弄个透彻。

韩非子的文章之所以具有吸引力，还在于他在行文中的分析、归纳、举例、推论等涉及的各种内容，都能有机地结合起来。极为复杂的论题，他驾驭起来显得得心应手，往来从容。以《观行》第一段为例："古之人目短于自见，故以镜观面；智短于自知，故以道正己。故镜无见疵之罪，道无明过之怨。目失镜，则无以正须眉；身无道，则无以知迷惑。西门豹之性急，故佩韦以自缓；董安于之心缓，故佩弦以自急。故以有余补不足，以长续短之谓明主。"这段文章用的是排比句式，错综而多变化，开头是顺叙，接着逆转，然后举例说明，最后归结点题，寥寥数笔，已显得波澜起伏。

韩非子在行文中还善于使用像对偶、排比、顶真等修辞手法来强化论辩的效果，语言精粹凝练，文势跌宕起伏，具有一种使人无法拒绝的感染力。上面所引《观行》一段即是一个很好的例证。还有如《大体》篇："古之人君成大体者，望天地，观江海，因山谷，日月所照，四时所行，云布风动；不以智累心，不以私累己。寄治乱于法术，托是非于赏罚，属轻重于权衡。不逆天理，不伤情性，不吹毛而求小疵，不洗垢而察难知。不引绳之外，不推绳之内，不急法之外，不缓法之内。"

韩非子的文章很少使用抽象的推理论证，而大量运用了比喻、故事、寓言等手段，以形象来说话，深入浅出，生动有趣。

韩非子善于用比喻来说明问题，如本来是一个很深奥的道理，经他以神来之笔轻轻一点，随即枯木生花，青岫出云；有时比喻一个接一个，如风摇花落，使人目不暇接。这里随便举几个例子：

《解老》："道譬诸若水，溺者多饮之即死，渴者适饮之即生。譬之若剑戟，愚人以行忿则祸生，圣人以诛暴则福成。"

《奸劫弑臣》："我以清廉事上而求安，若无规矩而欲为方圆也，必不几矣；若以守法不朋党治官而求安，是犹以足搔顶也，愈不几也。"

韩非子文章中的比喻，又大都是从日常生活中提炼出来的，容易为人理解和接受，然而出拙入巧，既不平淡更不庸俗。如他以深渊和鱼的关系，比喻"势"对于君主的重要性；以斜坡易上、峭壁难越比喻重刑可以止刑；把不事耕战的"言谈者""带剑者"等五种"闲杂人员"称为五种蛀虫；把势大难制的"重臣"称为生出翅膀的老虎，等等。

　　韩非子还喜欢用历史故事来支持自己的论点。《说林上》《说林下》《内储说上》《内储说下》《外储说左上》《外储说左下》《外储说右上》《外储说右下》等篇，基本上是由历史故事构成的。这些故事有的还保留着本来面貌，有的则经过韩非子改头换面，还有些则是凭空虚构的，是韩非子借死人之口说出自己的看法。这些故事大都简洁含蓄，使人回味无穷。《说林上》第三则是关于孔子的故事，说明在小人当道的官场上，有本领的人为什么得不到施展抱负的机会：子圉将孔子推荐给宋国的太宰。晤见太宰后，孔子出去了，子圉问太宰对孔子的印象如何，太宰说："我见到孔子后，再看你，那你不过是虱子、跳蚤之类而已。明天我将把他推荐给国君。"子圉怕孔子得到宠爱，会使自己的地位受到影响，赶忙说："国君见到孔子后，也会把您看得像虱子、跳蚤一样微不足道。"太宰一想，真是那么回事，便放弃了推荐孔子的打算。

还有些故事，展示的是古人自我保护的政治智慧。作为一个权术家，韩非子对此显然是颇为留心的，因而在书中多有记载。如《说林上》所载隰斯弥伐树一事：隰斯弥去拜见田成子（即田常）。田成子带他登上自家的高台观赏风景。向东、西、北三个方向看去，视野开阔，一望无际，而向南望去，则被隰斯弥家的树给挡住了。田成子什么也没说。回家后，隰斯弥就吩咐管家安排人伐树。工人刚砍了几下，隰斯弥又命令停下来。管家不解，问：您的主意怎么变得这么快啊？隰斯弥说：有一句古老的谚语是这样说的："看到潜藏在深渊中的鱼，不吉祥；了解了别人不愿透露的秘密，有灾殃。"现在田成子正在谋划废立君主的大事，如果我表明能看透他的心思，岂不危险啊！不砍树，不能算有罪；看透了别人不愿透露的隐秘，那罪过可就大了！

　　《韩非子》中的有些历史故事，继承了战国时期策士们诙谐、滑稽的语言风格，富于机智和风趣。如《外储说右下》中薄疑对赵简子说："君之国中饱。"简子很高兴，以为是国中皆饱。薄疑接着解释说："府库空于上，百姓贫饿于下，然而奸吏富矣。"意思是只有处在公家和民众之间的贪官污吏是富裕的。《内储说下》中郑昭对郑君说："太子未生。"郑君说："太子已置，而曰未生，何也?"郑昭说："君之爱子甚多，故虽置太子，实犹未生也。"这是运用语言的歧义制造危言耸听的效果。

韩非子的著作里，还有许许多多的寓言故事，其中有些是他自己创作的，有些是他搜集整理的，是民间智慧的结晶。寓言的特点是言浅而意深，不仅妙趣横生，而且耐人寻味。如"三虱争讼"的故事：一只猪身上有三只虱子。有一天，它们发生了争执，闹得不可开交。另一只虱子从旁边走过，问：你们为什么争吵？那三只虱子一齐回答：为争吃肉厚的地方。过路的虱子便说：你不担心腊祭（**古时于岁末祭百神，一般有烤全牲作为祭品**）之日的烘烤，却担心吃不到肉厚的地方，真是怪事！于是三只虱子不吵了，齐心协力吮吸猪血，那只猪很快瘦下去，因而没有被用作祭品，三只虱子得以免除劫难。

韩非子叙述的许多寓言故事，如守株待兔、买椟还珠、郑人买履、自相矛盾、滥竽充数、郢书燕说、老马识途等，已成了著名的成语，千百年来一直脍炙人口，具有永久的魅力，永远给人以智慧的启迪。

韩非子还叙述了许多民间故事，这些民间故事取材于普通百姓的日常生活，反映了形形色色的人情人心。如齐人教女的故事：齐国有个人，在女儿出嫁时教导她：女人出嫁的很多，但最终在婆家待住的却少，被休回娘家是常有的事，你去以后一定要多攒一些私房钱，给自己留条后路。女儿听了他的话，千方百计地攒私房钱，因此而激怒了婆婆，便把她休了。

这个故事讽刺了那些因自私自利而变得鼠目寸光，最终自食苦果的宵小之徒。韩非子评论道：有些官吏把当官任职看作发财致富的机会，认为机不可失，时不再来，因此敲诈勒索、贪污受贿，手段使尽，坏事做绝，结果触网犯禁，落个身败名裂的下场。他们跟上面提到的齐人之女不是同样愚蠢、同样可怜吗？

还有郑人疑邻的故事也很耐人寻味。同样的情形我们在生活中会经常碰到的。郑国有一户人家，院墙被大雨冲坏了。儿子要去做官，临行前告诉父亲：得赶紧把院墙修好，否则会招致窃贼的。同一天，邻居一个老头也提出了同样的劝告。那人答应了，却迟迟没有动手。有一天夜里，果然有小偷翻过院墙，偷走了好多贵重财物。那人发现被盗后，赞赏自己的儿子有先见之明，却怀疑是那个提建议的老头偷的。

明人陈深在《韩子迂评序》中这样评价《韩非子》："今读其书，上下数千年，古今事变，奸臣世主隐微伏匿，下至委闾穷巷妇女婴儿人情曲折，不啻隔垣而洞五脏。"论析的精微，观点的孤峭，形象的生动，用词的简洁，使《韩非子》具有了永恒的魅力。韩非子从来没有想到要作为一个文学家留名后世，文学上的成就只是他的副产品。然而如果不是含冤早逝，以他的如椽巨笔，在信手勾勒之余，一定会为我们留下更多关于世态人心的更深刻、更睿智的不朽之作。

第 14 章

孤独的命运

在先秦诸子中，韩非子的命运是最凄惨的。他不仅在现实政治中郁郁不得志，而且在学术思想界也没有形成气候。他不像孟、荀、老、庄等思想大师那样，有一大批追随者，可以在社会上呼风唤雨，抗礼王侯。他活得孤独寂寞，死得不明不白，并且身后寥落，屡遭诋毁。当孔子、孟子被尊奉为圣哲，在辉煌的宝殿里安享虔诚的祭拜时，他只能作为游魂野鬼，流浪在风清露冷的万古长夜里。

悲剧的根源在哪里呢？在于韩非子的个性，他的思想内在的逻辑，更在于个人无可奈何的历史的宿命。

法家都是一些阴郁而孤独的"狮子"。他们独来独往，恃才傲物，以一种向一切挑战的姿态走上社会，以一种要宰割万类的心理去处理问题。在他们看来，整个社会已经病入膏肓，不用立竿见影的猛剂不能起死回生；而芸芸众生不是蒙昧无知，就是迷妄不实，只会把事情弄得越来越糟；只有他们法家，才能担负起济世救民的崇高责任。因此，法家人物大都勇猛果敢，他们不讲关系，不留情面，认准了目标就坚定不移地前进，从来不给自己留出退路。他们没有朋友，没有门徒，所到之处无不树敌招怨；他们不容易得志，一旦得志则轰轰烈烈，同样，一旦失败则会输个精光。

韩非子在性格上具有法家人物的共同特点。他无所畏惧，不屈不挠，也有鲜明的个性色彩。他过于执拗，过于高傲，不仅不愿巴结权贵、结交朋党，而且把权贵看作势不两立的敌人，把朋党看作打击清理的首要对象。他似乎不明白，在那盘根错节的种种政治势力之间，凭一己之力站稳脚跟是万分不易的。对于君主，他没有像那些贪卑幸进的小人一样，卑躬屈膝，胁肩献媚。尽管在《说难》一文中，他主张为取得君主信任暂时可以不择手段，并且列举了许多逢迎、讨好君主的手段。然而，实际上那不过是他在绝望之后的愤激之言罢了。这些，既是对某些法家人物某些不光彩行为的辩护，也是对君主的非难。如果他真的想那么做的话，他是不会说出来并形诸文字的。韩非子一直希望通过自己的才能去获得君主的赏识。在他看来，要富国强兵，舍我莫能，非我莫属。因此，他一次又一次上书献策，一次又一次头撞南墙，仍然不愿意改弦易辙，不愿去试试走一走别的门道和途径。

到达秦国后，他没有冷静地思考一下自己的地位和处境，没有全面衡量一下自己带来的利害关系的变化，没有设法获得权臣们的接纳和容忍，就急不可耐地向秦王献策。他要秦王舍弃韩国而以赵国作为打击对象，结果让嫉恨他的人抓住了把柄。他总以为自己很聪明，纵横捭阖的手段样样精熟，可以左右天下大势，却不知螳螂捕蝉会有黄雀在后。防备未周就轻举妄动，结果，尽管一生从事权术的研讨，堪称权术大师，到头来却难免遭人暗算。

韩非子注定得不到君主的宠信。君主喜欢的是唯命是从的蠢材，而韩非子太聪明了，什么都瞒不过他的眼睛。君主的五脏六腑他都能洞若观火，这肯定会使君主感到浑身不自在。韩非子也知道专制君主最忌讳的是自己的隐私被别人猜透，知道在他那探索之路的尽头是万丈深渊，但理论本身的逻辑使他不得不沿着那条黑暗的通道一直走下去，因而他就不得不接受那注定要毁灭的命运。如果不是死在秦国，也许有一天他会死在韩王之手。

韩非子将自己锻造的十八般兵器，不论是明的还是暗的，都恭恭敬敬地奉送到君主手中。君主在高兴之余，自然会想到，对这些武器，锻造者肯定运用得比他更为熟练，这怎么能使君主放心得下呢？对韩非子这样的人，君主怎么能安置在身边并且委之以重任呢？韩非子，这位专制主义的鼓吹者，在不知不觉之中，将自己绑在了专制王权的祭坛上。传说有一种神鸟，在完成了自己的使命后，就必须以自己燃起的火焰把自己烧死，这不正是法家、正是韩非子的命运吗？

出于尊君的目的，韩非子把君主送上了高高的神殿。他总认为自己对君主是忠心耿耿的，却不知君主并不十分喜欢他的主张。因为他在理论上，把君主个人的喜怒爱欲统统剥夺了。按照他的设计，君主成了冷酷无情的法的化身，成了高高在上的独夫寡人，再也不能随心所欲地表达自己的喜怒好恶了，这自然是使君主感到不快的。他的视野过于辽阔、过于深远，他的思想的逻辑已经超出了个人的控制；他考虑问题的出发点是政权的稳定和国家的富强，必然会与君主个人的意志发生冲突。这是思想家的悲剧。

韩非子的悲剧也是历史性的，他所处的就是一个悲剧的时代。社会在进行着重新组合和重新熔铸，一切都以浩浩荡荡不可阻挡之势奔向毁灭和新生。作为一个站在时代前列的社会改革家、政治思想家，他体现了时代的意志，提出了切实有效的治世主张，为大一统的中央集权的建立奠定理论基础。然而，过于沉重的现实的压力，使他成了一个极端的功利主义者，忽视乃至摒弃思想、道德、伦理等层面的精神文化建设。并且他过分强调暴力、斗争和对立，导致思想上的僵化和政治上的偏激。将他的理论用于实践，可以求得一时强盛，但不能实现长治久安。秦始皇也没有认识到这一点，所以他的政权很快就垮台了；汉朝统治者吸取了秦朝灭亡的经验和教训，"罢黜百家，独尊儒术"，把韩非子的思想理论撤出前台，搬到幕后。在完成了自己的历史使命之后，韩非子便不得不无限凄凉地退场了。他是法家思想体系的最后完成者，是法家轰轰烈烈的政治实践和理论探讨的一系列活剧的收场人，他得到的是最高的荣耀，同时也是最深沉的寂寞。

在此后的各个朝代里，专制政权基本上是以儒家思想作为指导。至少在表面上，韩非子一直受到正统的官方意识形态的排挤，受儒学传统熏陶的传统知识分子大都对韩非子的理论持冷淡态度。比较公道的一些人，认为它是一时权宜之计，不能作为治国理民的根本法则；立场偏激的儒生，则把它看成是祸国殃民之术，主张彻底弃绝，甚至烧成灰烬。韩非子曾主张将诸子各派的书焚毁，他大概没有想到焚毁的命运会降临到自己的头上。

尽管如此，韩非子思想的影响一直都在。并且，每到分裂争战的乱世，像三国、南北朝等，他都会被请到光天化日之下来，参与在血与火之中重建秩序的艰难事业。他的理论学说充满了智慧。历史上那些雄才大略的帝王将相，如汉武帝、唐太宗、宋太祖，以及曹操、诸葛亮、王安石、张居正等，无不或多或少地接受了韩非子的影响。只是，他们当中很少有人能够坦然地承认这一点，承认自己是韩非子的门徒。许多封建皇帝一贯采用的是"阴法阳儒"的政策，以韩非子的法术理论统治臣民，却以儒家的招牌装点门面。韩非子在《说难》一文中，曾经提到有的君主对法术之士"阴用其言而显弃其身"，这正是韩非子自己命运的写照。

君主们无论内心里多么阴险毒辣，都喜欢在脸面上涂脂抹粉，装出一副慈祥仁爱的样子。韩非子却毫不隐讳地鼓吹暴力和权谋，这自然会使君主们感到难堪，因为韩非子那样做等于揭穿了他们的隐私。自古英雄所见略同，即使没有韩非子，君主们也会各有一套统驭臣民的心术和手腕的，那是他们的不传之密，是不允许张扬的。狗叫得太凶了会使主人脸上无光，这一点大概韩非子没有考虑到吧！

对于韩非子，我们应当有一个客观的、公正的评价。他是一个认识到并且完成了伟大历史使命的思想家。他承前启后，在我们民族精神的发展过程中成为一个不可缺少的环节。诚然，他那一套以王权专制政治为依归的术、势理论，以及以自私自利为特征的人生哲学，早已失去了行销的市场。然而，他对人性的深刻洞察，他关于社会治理的许多精辟见解，对我们仍然具有启发和教益，我们应当批判地加以吸收。我们评价历史人物，应从两个方面去认识，一是站在我们自己的立场，根据我们的理想和愿望，以我们自己的尺度去衡量他；二是从历史的角度，把历史人物放到当时的环境中，在历史的发展过程中，进行考察和评判。这样，我们可以看得更全面，既不会对历史人物要求过高，又不会丧失认识和批判的能力，我们才能做到弃其糟粕，取其精华。

在供奉前贤先哲的辉煌的神殿里，在那些曾经高蹈尘上的英灵之间，韩非子将占有一个适当的位置——他将不再孤独。

附录

年　谱

约前 280 年　生于韩国王室。

约前 255—247 年　受业于荀子，学习帝王之术，与李斯同学。

前 247—234 年　多次上书进谏韩王，主张厉行法治，富国强兵，韩王不能用。《韩非子》中的大部分篇章如《五蠹》《显学》《孤愤》《难言》等写于此时。

前 233 年　出使秦国，上秦王《爱臣》《存韩》等书。被李斯、姚贾等大臣陷害，死于狱中。

参 考 书 目

1. 邵增华:《韩非子今注今译》,台北商务印书馆,1990 年。

2. 陈奇猷:《韩非子集释》,人民出版社,1974 年。

3. 梁启雄:《韩子浅解》,中华书局,1960 年。

4. 刘泽华:《中国政治思想史》(先秦卷),浙江人民出版社,1996 年。

5. 孙实明:《韩非思想新探》,湖北人民出版社,1990 年。

6. 陈惠娟:《韩非子哲学新探》,台北文史哲出版社,2004 年。

7. 蔡英文:《韩非的法治思想及其历史意义》,台北文史哲出版社,1986 年。